Usted ha vivido antes

¿Alguna vez ha estado en algún lugar donde nunca había estado antes y ha experimentado sensaciones de déjà vu? ¿Tiene temores irracionales que no parece entender? ¿Se está preguntando si tiene un alma gemela, y si alguna vez la encontrará?

Aunque nuestra cultura moderna occidental no acepta fácilmente la idea de la reencarnación, es probable que los temores irracionales, las extrañas sensaciones de déjà vu, o la fascinación con una época o lugar, puedan relacionarse con eventos que sucedieron en una vida pasada. Los recuerdos de anteriores encarnaciones pueden ser la clave para descubrir temores y motivaciones secretas que quizás están impidiendo su progreso en la vida actual.

Richard Webster, el popular autor de temas metafísicos e hipnoterapeuta, ha regresado a cientos de personas a sus vidas pasadas. Ha visto los dramáticos efectos que los eventos y traumas del pasado pueden a menudo presentarse en una vida actual. Basado en su trabajo, él ha desarrollado doce métodos que cualquiera puede usar para tener acceso a recuerdos de anteriores existencias. Cada método es presentado junto con detalladas historias reales y ejemplos de su práctica privada.

Logre una nueva perspectiva de la vida y la muerte, y un mayor sentido de su propósito en este mundo, con el conocimiento de que ha vivido antes.

El autor

Richard Webster nació en Nueva Zelanda en 1946, lugar donde aún reside. Richard viaja frecuentemente alrededor del mundo, dando conferencias y conduciendo talleres sobre temas psíquicos. Ha escrito muchos libros sobre estos temas y además escribe columnas en revistas. Richard está casado y tiene tres hijos; su familia apoya su ocupación, pero su hijo mayor, después de observar la carrera de su padre, decidió convertirse en contador.

12 TÉCNICAS COMPROBADAS

REGRESE A SUS VIDAS PASADAS

RICHARD WEBSTER

Traducido al Español por:
Héctor Ramírez y Edgar Rojas

2004
Llewellyn Español
St. Paul, Minnesota 55164-0383, U.S.A.

PRIMERA EDICIÓN
Segunda impresión, 2004

Edición y coordinación general: Edgar Rojas
Diseño de la portada: Zulma Dávila
Diseño del interior: Alexander Negrete y Joanna Willis
Imagen de la portada: Photodisc ©
Traducción al español: Edgar Rojas y Héctor Ramírez

Library of Congress Cataloging-in-Publication Data
Biblioteca del Congreso. Información sobre esta publicación.
Webster, Richard, 1946–
  [Practical guide to past-life memories. Spanish]
  Regrese a sus vidas pasadas: 12 Técnicas Comprobadas / Richard
  Webster; traducido al español por Edgar Rojas y Héctor Ramírez.
    p.   cm.
  Includes bibliographical references and index.
  ISBN 0-7387-0196-3
    1. Reincarnation. I. Title.

BL515 .W43 2002
133.9'01'35—dc21

                                                                2001050481

Llewellyn Español
Una división de Llewellyn Worldwide, Ltd.
P.O. Box 64383, Dept. 0-7387-0196-3
St. Paul, MN 55164-0383, U.S.A.
www.llewellynespanol.com
Impreso en los Estados Unidos de América.

Para mi buen amigo Blair Robertson,
importante hipnotista canadiense.

Contenido

Introducción

Tiempo infinito, sin comienzo ni fin, me ha sido dado, heredo eternidad, y he recibido perpetuidad.
Libro egipcio de los muertos (c. 1450 a. de C.)

Debe haber sido al menos hace un cuarto de siglo, pero lo recuerdo como si hubiera sucedido apenas la semana pasada. Mi cliente, una mujer de mediana edad, se sentó sobre mi silla reclinable mientras la regresaba a su infancia para ver si podíamos determinar la razón oculta de su problema de peso.

Este es un procedimiento estándar con personas que tienen problemas serios de sobrepeso. Usualmente podemos regresar a lo que originó el patrón de constante aumento de peso. Y una vez que la persona identifica el origen del problema, y puede liberarse de él, el peso empieza a disminuir y luego a estabilizarse.

Normalmente, el incidente es algo insignificante que ocurrió en la infancia o adolescencia, invariablemente una situación dolorosa en ese tiempo, pero que ha sido conscientemente olvidada. Regresar a ella, y observarla desde el punto de vista de un adulto maduro, les permite a mis clientes reconocer que ya no deben llevarla con ellos, junto al exceso de peso que tienen. Por consiguiente, es una técnica muy efectiva.

"Quiero que regrese ahora", le dije a mi cliente, "a la primera situación que inició sus problemas de peso. Encontrará fácil hacer esto, y permanecerá en calma, sin importar en qué situación se encuentre. Retrocediendo ahora a través de tiempo y espacio hasta el primer incidente que se relacione con sus razones para estar aquí hoy".

"Estoy ahí". La voz de mi cliente se había vuelto más profunda, y aunque estaba descansando tranquilamente en mi silla, su lenguaje corporal parecía haber cambiado sutilmente.

"¿Dónde está?"

"Están peleando".

Mi primer pensamiento fue que sus padres habían estado riñendo, pero es mejor no dar nada por sentado. "Quiénes están peleando?", pregunté.

"Todos. Todos los adultos. Hay ruidos y fuegos. Personas muertas en todas partes".

Esta no fue una regresión normal. La mujer era demasiado joven para haber estado involucrada en la II Guerra Mundial, y yo no podía pensar en otro conflicto en el que ella pudiera haber participado.

"¿Dónde está?", pregunté.

"En casa". La cara de la mujer mostró angustia y empezó a llorar.

Inmediatamente le dije que retrocediera y observara la escena imparcialmente, como si le estuviera sucediendo a otra persona.

"Mi casa no está", dijo ella entre lágrimas. "La casa, la ciudad, todo desapareció. Sólo hay lucha. Y luego todo queda quieto; no hay nadie, únicamente yo".

"¿En qué país está?", pregunté, pensando aún que ella hablaba de un evento de esta vida. Meneó la cabeza y suspiró.

"¿En qué año se encuentra?", continué. Tampoco obtuve respuesta.

Gradualmente cesó el llanto, y mi paciente empezó a hablar. Sus padres fueron muertos en la lucha, y ella no tenía idea de lo que había sucedido con sus hermanos. Su ciudad estaba destruida, y ella y otros sobrevivientes vivían con las migajas de alimentos que podía encontrar. Hacía un calor insoportable durante el día y un increíble frío en la noche. Pronto se agotó la comida, y la mujer finalmente murió de hambre.

Ella estaba calmada cuando la regresé al presente. No se veía del todo sorprendida por haber retornado a una vida pasada. Yo tenía que dar la impresión de que esto sucedía a todo momento, aunque era la primera vez que había experimentado tal fenómeno.

Hablamos de la situación que ella había descubierto y de cómo se relacionaba con su actual problema de peso. Obviamente, debido a que murió de hambre en una anterior encarnación, estaba subconscientemente decidida a que esto nunca ocurriría de nuevo, y comía cualquier alimento que fuera colocado frente a ella. Cuando fue consciente de esto, su exceso de peso disminuyó y se convirtió en un maravilloso anuncio para mi práctica de hipnoterapia.

Este ejemplo es extremo. Usualmente, cuando regreso a alguien a su infancia, el incidente inicial es trivial desde una perspectiva adulta. Puede haber sido simplemente un mal comentario sin intención. Una paciente mía regresó a una ocasión en que estaba con su padre y vio unas prostitutas usando ropas de colores brillantes.

"Mira esas hermosas mujeres", dijo ella.

Su padre volteó para ver y estaba horrorizado. Le dio un tirón al brazo de su hija. "No las mires", dijo. Desde este incidente la niña fue consciente que a su padre no le gustaban las mujeres bonitas y se volvió obesa intentando complacerlo. Naturalmente, una vez que retornó este recuerdo olvidado por tanto tiempo, mi paciente pudo ver por qué había ganado peso, y luego pudo perderlo permanentemente.

A través de los años, muchas personas han regresado espontáneamente a sus vidas pasadas estando en mi oficina. A veces ha sido una experiencia inquietante, especialmente para las personas que no habían pensado previamente en la posibilidad de encarnaciones anteriores. Pero fue esa primera regresión espontánea lo que hizo cambiar el énfasis en mi práctica de hipnoterapia, y me convirtió en un especialista en vidas pasadas. De todos modos estaba interesado en el tema, y tenía varios recuerdos que no se relacionaban con las experiencias de mi actual existencia. El concepto de la reencarnación siempre me pareció muy lógico.

Rápidamente me di cuenta que no había un solo método que funcionara con todos. Yo adoro la hipnosis, pero averigüé que no todo el mundo comparte el entusiasmo mío por dicho campo. Muchas personas tienen diversos temores respecto al hipnotismo. Piensan que podrían perder control, dejar escapar un secreto de culpabilidad, o tal vez hacer algo que normalmente nunca harían. Ninguna de estas cosas es posible, pero si la persona lo piensa así, no puede ser conducida la hipnosis.

Además, no todos regresan a una vida pasada. Hay tres posibles razones para esto. La primera es el miedo. Si alguien está aterrado de lo que podría experimentar, o tal vez tiene complejos religiosos concernientes a la reencarnación, no se relajará lo suficiente para permitir que fluyan los recuerdos de anteriores encarnaciones. Además, si no hay empatía entre el hipnotista y el sujeto, este último podría no relajarse adecuadamente para que esto suceda.

Una segunda posible razón es que la persona tal vez no haya tenido vidas pasadas. En este caso, él o ella es un "alma nueva", y no ha estado aquí antes. Aún no he encontrado a alguien con dicha situación. Creo que todas las almas fueron creadas al mismo tiempo, pero se han desarrollado en etapas diferentes desde su creación.

Una última probable razón es que los eventos de la más reciente vida anterior fueron tan traumáticos, que la mente subconsciente de la persona deliberadamente los ha aislado, y ha cerrado el acceso a todas las otras encarnaciones pasadas. Esto es particularmente probable si la persona experimentó una muerte horrible.

Por consiguiente, a través de los años he ensayado diferentes métodos para ayudar a las personas a regresar a sus vidas pasadas. Tenía que encontrar diversas técnicas para usar con personas que no se dejarían hipnotizar, o que no recuerdan vidas pasadas en estado de hipnosis. En este libro he incluido los métodos más efectivos. Todos somos diferentes, por eso encontrará que algunas de las técnicas presentadas son más apropiadas para usted que otras. Primero lea el libro en su totalidad, y decida qué procedimiento le atraen más. Éstos probablemente serán los que mejores resultados le darán.

Si desea descubrir recuerdos de vidas anteriores que han sido olvidados hace mucho tiempo, podrá hacerlo utilizando las técnicas explicadas aquí.

1

Sus muchas
vidas pasadas

El nacimiento no es un comienzo;
la muerte no es un fin.

Chuang Tzu (369?–286? a. de C.)

"Mi esposo y yo nos fuimos de camping el verano pasado. Nunca habíamos hecho algo como eso antes, y a mí se me dificultó dormir al aire libre bajo las estrellas. Era hermoso acostarme ahí en los brazos de mi marido, pero cuando él se dormía yo permanecía despierta durante horas esperando un ataque en cualquier momento. A los tres días de vacaciones por fin pude quedarme dormida a medianoche, y soñé que era un joven indio americano perdido en la misma área en que acampábamos. Podía sentir el nerviosismo y temor del muchacho mientras luchaba por encontrar alimento y llegar a casa. Él se acostaba en el suelo por la noche, como yo lo estaba haciendo, y no podía dormirse debido a los sonidos que escuchaba. Él creía que lo perseguían, y constantemente miraba hacia atrás. Hacía esto todos los días. Eventualmente, se sintió tan agobiado que empezó a correr. Tropezó con la raíz de un árbol y cayó, rompiéndose una pierna. Él no pudo moverse, y permaneció en el suelo esperando la muerte. Cuando desperté, estaba sudando y mi corazón latía aceleradamente. Estaba convencida de que yo era ese joven indio. La experiencia era demasiado vívida y real para ser un sueño".

"Toda mi vida he tenido este presentimiento, como si algo malo fuera a suceder. El año pasado visité Atenas por primera vez, y cuando fui al Partenón esa sensación me arrolló completamente. Cuando caminaba me tropecé y caí en unas escalas y luego empecé a llorar. Varias personas me preguntaron si podían ayudarme, pero no había nada que pudiera decirles. Todo lo que sabía era que había estado ahí antes, pero no en esta vida. Algo malo me sucedió en el Partenón y visitarlo de nuevo liberó todos esos sentimientos que siempre había tenido. Desde ese día he estado completamente libre de ellos. No estoy segura si realmente quiero averiguar lo que sucedió en esa vida pasada".

"Mis hermanos aprendieron a nadar fácilmente, pero yo siempre le tuve terror al agua. Esto me enfurecía ya que durante nuestras vacaciones pasábamos todo el tiempo en o junto al mar. Cuando tenía trece años mis padres me llevaron a un hipnotista porque me comía las uñas. Estando ahí, espontáneamente regresé a una vida pasada en una pequeña isla del Pacífico. Era una buena vida, y nos ganábamos el sustento pescando. Un día regresábamos apresurados a casa huyéndole a una inminente tormenta, pero ésta nos atrapó. Yo caí fuera de borda, y aunque era un gran nadador, me ahogué. Hasta entonces nunca había pensado en la reencarnación. El hipnotista me lo explicó todo, pero nunca se lo comenté a mis padres. La parte más extraña fue que mi esposa en esa vida es ahora mi madre. Eso me confundió durante años".

¿Alguna vez se ha hecho preguntas acerca de sus vidas pasadas? Muchas personas lo hacen. Para algunos este interés es despertado por un vago recuerdo de algo que sucedió en el pasado. Para otros es el deseo de conocerse más —dónde han estado y hacia dónde van—. Sin importar cuáles sean sus razones, usted puede explorar exitosamente sus vidas pasadas.

La gente ha creído en la reencarnación durante miles de años. Esta creencia es universal. En Asia, las Américas, África, Australia y Europa se cree que la muerte no es el fin, y que renaceremos en otro cuerpo.

En los paises orientales la reencarnación siempre ha sido dada por sentada. Es parte esencial del hinduismo, budismo y el jainismo entre otras religiones. Originalmente no era incluida en el sintoísmo, pero cuando el budismo llegó al Japón en el siglo XII, gradualmente se hizo parte de sus creencias. La reencarnación no aparece en las filosofías islámicas, pero la secta sufí acepta el concepto de renacimiento.

Los antiguos egipcios enterraban hechizos mágicos con los fallecidos para permitirles renacer en la forma que eligieran. En la Grecia del siglo VI a. de C., el culto órfico enseñaba que somos parte humana y parte divina. Y a medida que pasamos a través de diferentes encarnaciones, aprendemos a eliminar el lado malo de nuestra naturaleza y finalmente nos hacemos divinos. En esta etapa, por supuesto, el ciclo de renacimiento se completa.[1]

Las ideas de los órficos fueron adoptadas posteriormente por Pitágoras y se hicieron parte integral de su filosofía. Pitágoras pudo recordar sus vidas anteriores. Iamblichus, en su *Life of Pitagoras* (Vida de Pitágoras), escribió, "lo que Pitágoras quería indicar con todos estos detalles era que conocía las vidas pasadas que había tenido, lo cual le permitió llamar la atención de otros y recordarles sus anteriores existencias".[2] Pitágoras recordó vidas como el guerrero troyano Euforbo, el profeta Hermotimus (quien fue quemado por sus rivales hasta morir), el pescador chipriota Pirro, una prostituta en Fenicia, y en la Tracia fue un campesino y la esposa de un tendero.[3]

Sócrates también creía firmemente en la reencarnación. Según parece pasó la última mañana de su vida pensando en cómo existía el alma antes que alguien naciera, y cómo continuará viviendo después que ha muerto el cuerpo físico. Sócrates usó la filosofía para analizar la vida humana, de donde surgió su más famosa frase: "conócete a ti mismo". Sus ideas originales acerca del alma aún están siendo discutidas.

El más célebre alumno de Sócrates, Platón, fue firme creyente de la reencarnación y escribió: "sepa que si empeora se irá a las peores almas, o si mejora irá a las mejores, y en cada sucesión de vida y muerte hará y sufrirá lo que el semejante puede sufrir en manos de otro".[4] Las ideas de Platón sobre la reencarnación tuvieron un profundo efecto en la filosofía occidental que aún está presente.

Posteriormente, el gnosticismo griego adoptó el concepto de reencarnación. Esta filosofía jugó un papel importante en las primeras creencias cristianas. En el siglo II de nuestra era, Clemente de Alejandría escribió que nos desarrollamos a través de un proceso de muchas reencarnaciones. Orígen, uno de los más importantes teólogos de esa época, estuvo de acuerdo con él.

Diferentes pasajes de la Biblia aceptan el concepto de reencarnación. En Mateo 11:13–15 Jesús les dice a sus discípulos que Juan Bautista había tenido una vida anterior: "Porque todos los profetas y la ley profetizaron hasta Juan. Y si queréis recibirlo, él es aquel Elías que había de venir. El que tiene oídos para oír, oiga". Esto es confirmado en Mateo 17:12, donde Jesús dice: "Mas os digo que Elías ya vino, y no le conocieron, sino que hicieron con él todo lo que quisieron; así también el Hijo del Hombre padecerá de ellos". En otra ocasión Jesús preguntó a sus discípulos "¿Quién dicen los hombres que es el Hijo del Hombre?". Ellos dijeron: "Unos, Juan el Bautista; otros, Elías; y otros, Jeremías, o alguno de los profetas" (Mateo 16:13–14).

Los discípulos hacen referencia a la reencarnación cuando preguntan a Jesús acerca de un hombre que había sido ciego de nacimiento: "Y le preguntaron sus discípulos, diciendo: Maestro, ¿quién pecó, éste o sus padres, para que haya nacido ciego?" (Juan 9:2). Obviamente, habría sido imposible para este hombre pecar antes de nacer, a menos que lo haya hecho en una vida anterior. Es interesante observar que Jesús no reprende a los discípulos por pensar de esta manera: "Jesús respondió, 'no es que pecó éste, ni sus padres, sino para que las obras de Dios se manifiesten en él'" (Juan 9:3).

Desafortunadamente, en el año 553 el concilio de Constantinopla declaró que la reencarnación era una doctrina herética. La iglesia cristiana inmediatamente renunció y forzó a sus creyentes a abandonarlo. El concepto de reencarnación, fue de nuevo considerado herético por el concilio de Lyón en 1274 y el concilio de Florencia en 1493. La persona que creyera en la reencarnación se arriesgaba a ser mandada a la hoguera.

A pesar de todo, esta creencia no desapareció. Posiblemente la más famosa de las sectas clandestinas que adoptaban dicha idea fue la de los cátaros, finalmente destruidos por la Inquisición. Es bueno observar que las únicas referencias a la reencarnación en la Biblia son favorables.[5]

Durante el Renacimiento en Europa hubo un resurgimiento repentino en el interés por las ideas de Pitágoras, la cábala y el platonismo. Leonardo da Vinci fue una de las muchas personas que aceptaba el concepto de reencarnación. Sus *Cuadernos* incluyen varios pasajes que expresan su creencia en la eternidad del alma. Cuando Giordano Bruno fue encontrado culpable de herejía y condenado a muerte en 1600, dijo a la Inquisición, "he sostenido y sostengo que las almas son inmortales. . . Ya que el alma no es encontrada sin cuerpo y sin embargo no es cuerpo, puede estar en uno u otro, y pasar de cuerpo a cuerpo".[6]

El concepto de reencarnación es visto en la cábala judía[7] y el Zohar.[8] Hay numerosas menciones favorables del tema en el Bhagavad Gita y Upanisad indios, y las referencias encontradas en el Corán islámico[9] también son favorables. En el budismo, el propósito final es ser liberado del interminable ciclo de renacimiento y alcanzar el nirvana. De hecho, el concepto de reencarnación, o una variante de él, puede encontrarse en las tradiciones de la mayoría de pueblos en todo el mundo.

El interés en la reencarnación creció en los siglos XVIII y XIX. Benjamín Franklin y Thomas Paine escribieron sobre el tema en América. Al mismo tiempo, en Europa el concepto fue difundido al público por medio de Voltaire, Víctor Hugo, George Sand y Gustave Flaubert en Francia; Johann von Goette, Immanuel Kant y Gotthold Lessing en Alemania; y David Hume y Alexander Pope en Inglaterra.

El renovado interés en la reencarnación empezó con el trabajo de la Sociedad Teosófica, que estaba destinada a ser una hermandad universal que promovía el estudio comparativo de religión, filosofía y ciencia, e investigaba las inexplicables leyes de la naturaleza. Actualmente, la sociedad no promueve dogmas específicos, pero tiende a aceptar la reencarnación y el karma. La Sociedad Teosófica fue fundada en 1875 por Madame Helena Blavatsky, Henry Olcott y William Judge. Madame Blavatsky afirmó que ella había sido Pitágoras y Paracelso en anteriores encarnaciones.

En tiempos más recientes, Edgar Cayce (1877–1945), un devoto cristiano, se convirtió en un importante abogado de la reencarnación. Su interés surgió cuando mencionó este término y la palabra karma mientras estaba en trance. Él no había oído nada sobre el término karma y pensaba que la reencarnación era algo enseñado por paganos. Afortunadamente, sus amigos lo motivaron a continuar con su trabajo, y después de alguna experimentación llegó a la conclusión de que no había nada malo o pagano en lo que estaba haciendo. De hecho, su capacidad para penetrar en las vidas pasadas de las personas le permitió ser mucho más efectivo que nunca antes, ya que podía tratar el cuerpo y también la mente de sus pacientes. Entre 1923 y 1945, Cayce hizo unas 2.500 regresiones, y todas están conservadas en la Association for Research and Enlightenment en Virginia Beach.[10] Estas lecturas muestran vívidamente cómo las actitudes y personalidades de los individuos cambian y se desarrollan mientras pasan de una vida a otra.

El interés en la reencarnación siguió aumentando constantemente durante todo el siglo XX. Alexander Cannon, un psiquiatra británico, y el coronel Alberto de Rochas, un psíquico pionero francés, exploraron regresiones hipnóticas a comienzos de siglo. Incluso Aleister Crowley escribió un libro sobre su método de recordar vidas pasadas. En los años cincuenta, el famoso caso de Bridey Murphy en los Estados Unidos, seguido por los recuerdos de vidas anteriores de la Sra. Naomi Henry en Inglaterra, crearon gran emoción e interés. Estos recuerdos fueron descubiertos por medio de la hipnosis.

Un hipnoterapeuta galés llamado Arnall Bloxham también estuvo explorando regresiones hipnóticas a vidas pasadas durante muchos años, y registró más de cuatrocientas sesiones. Jeffrey Iverson, el productor de un show de televisión sobre las cintas de Bloxham, posteriormente escribió un libro llamado *More Lives than One,* el cual se convirtió en best–seller en 1976

En 1983 fue publicado *Out on a Limb,* el primer libro sobre reencarnación de Shirley MacLaine. Fue tan popular que se convirtió en el tema de una miniserie de televisión. Sus libros son fáciles de leer y principalmente están escritos para introducir en la reencarnación al público en general.

En los años setenta, la doctora Helen Wambach regresó hipnóticamente a más de mil personas y recolectó una gran cantidad de datos que demuestran la realidad del fenómeno. Con una excepción, todos sus voluntarios fueron personas corrientes en vidas anteriores. La mayoría eran campesinos que tenían vidas increíblemente difíciles. Trabajaban mucho y subsistían con una escasa dieta de comida insulsa. Muchos de sus hijos murieron siendo bebés o niños. Estas no son la clase de vidas que las personas tomarían si sólo estuvieran fantaseando.

La doctora Wambach también encontró que aunque la mayoría de sus voluntarios eran blancos y de clase media, frecuentemente eran miembros de razas y sexos diferentes cuando eran regresados a vidas pasadas. Además, ya que hay aproximadamente un número igual de hombres y mujeres en el mundo en cualquier tiempo, esta proporción permanecería constante cuando eran regresadas. Efectivamente este es el caso. De las 1.100 vidas pasadas que Helen examinó, el 49.4 por ciento fueron mujeres y el 50.6 por ciento hombres.[11] Se ha dicho que si estas regresiones fueran puras fantasías, la mayoría de personas habría escogido ser un hombre blanco.[12] Ya que este no fue el caso indica que estos recuerdos de vidas anteriores son genuinos.

El estudio de la doctora Wambach también responde otra importante pregunta. ¿El hecho de que la población mundial esté aumentando constantemente desaprueba la teoría de la reencarnación? Wambach encontró que sus sujetos regresaban a períodos específicos de la historia en exactamente el mismo grado de frecuencia que ocurriría si la reencarnación fuera una realidad establecida. La población del mundo se duplicó entre los siglos I y XV, se duplicó de nuevo en el siglo XIX, y desde entonces se ha cuadruplicado. Los sujetos de estudio de la doctora Wambach regresaron a vidas pasadas en exactamente la misma proporción.

Más de la mitad de la población mundial da por sentado el concepto de reencarnación. Aceptan que el cuerpo humano, con su personalidad y otras características, efectivamente muere, pero que el alma en sí es inmortal, ha tenido muchas vidas, y experimentará muchas más en el futuro.

Esto es perfectamente natural, ya que es imposible experimentar todo en una sola vida. Sin embargo, durante una serie de vidas podemos encontrarnos en diferentes formas de existencia: podemos ser ricos y pobres, blancos y negros, hombres o mujeres, intelectualmente brillantes y mentalmente incapacitados, radiantemente sanos o lisiados. Podemos vivir en paisajes tecnológicamente avanzados, y después en lugares donde es una lucha por sobrevivir. En efecto, todos somos iguales. Es probable que el conocimiento de la reencarnación vuelva a las personas más tolerantes con los demás.

Durante un período de muchas encarnaciones gradualmente avanzamos o regresamos, dependiendo de nuestros pensamientos y acciones en cada vida. Esta es la ley de causa y efecto. Todos cosechamos exactamente lo que sembramos.

¿Por qué las personas no recuerdan sus vidas pasadas?

Los antiguos griegos creían que los dioses metían en el "río del olvido" las almas que estaban a punto de renacer, para asegurar que se perdieran todos los recuerdos de vidas anteriores. De hecho, es probablemente positivo que la mayoría de gente no las recuerde. Todos los recuerdos dolorosos y difíciles de previas existencias harían casi imposible progresar en la vida actual.

La mayoría de personas nacen sin recuerdos conscientes de sus anteriores encarnaciones. Sin embargo, muchos recuerdan visiones momentáneas de sus vidas pasadas, a veces en gran detalle. Toda mi vida he tenido el recuerdo de ser un niño pequeño sentado al lado de una enorme hoguera con el estómago lleno mirando grandes círculos rojos dando vueltas. De adulto descubrí que los círculos rojos eran el forro interior de los vestidos negros que usaban las campesinas rusas. Ya que bailaban alrededor del fuego, todo lo que podía ver eran los círculos rojos. Obviamente, ese fue un recuerdo de una vida pasada, pero era sólo una visión parcial de un momento feliz. Tuve que llegar a la edad adulta para descubrir más acerca de esta anterior encarnación.

No es sorprendente que quienes recuerdan sus vidas pasadas son encontrados más a menudo en países donde la reencarnación es aceptada como parte de sus creencias. Un estudio llevado a cabo en el Norte de la India en la década de los setenta, mostró "que casi una de cada quinientas personas afirma recordar una vida pasada".[13] No ha habido estudios similares en Occidente.

El doctor Ian Stevenson ha pasado los últimos cuarenta años investigando casos "tipo reencarnación", y ha escrito una serie de libros bien documentados acerca de sus descubrimientos. A través de los años ha registrado más de 2.500 casos, los cuales involucran principalmente los recuerdos de vidas pasadas de niños. Unos 800 casos han sido investigados y analizados.

El Dr. Stevenson cree que la evidencia de niños es más convincente que la de adultos. Esto se debe a que no han tenido tiempo de leer novelas históricas o ver películas y programas de televisión que podrían inconscientemente surgir como evidencia de una vida anterior. El acto de recordar cosas enterradas y olvidadas que yacen justo bajo la superficie de nuestra mente, es conocido como *criptomnesia*. Stevenson cree que la mayoría de regresiones hipnóticas extraen estos recuerdos olvidados en lugar de verdaderas vidas pasadas.

Un caso que ha sido minuciosamente investigado por Stevenson y muchos otros es el de Parmod, el segundo hijo de un profesor universitario de la India. Parmod nació en 1944, y tan pronto como pudo hablar dijo las palabras "Moradabad", "Saharanpur" y "Mohan Brothers". Cuando tenía dos años y medio le dijo a su madre que no necesitaba cocinar porque él tenía una esposa en Moradabad. Cuando sus parientes compraban galletas, les decía que era dueño de una gran fábrica de comestibles en Moradabad. Repetidamente pedía ir a Moradabad y decía que era uno de los hermanos Mohan. Mientras el tiempo pasaba surgían más detalles. Dijo que su nombre era Paramanand, un hombre de negocios que había muerto sólo nueve meses y seis días antes de su nacimiento como Parmod.

Cuando Parmod tenía cinco años, un amigo de la familia descubrió que había una empresa conocida como Mohan Brothers en Moradabad. Mohan Lal, el propietario de esta compañía, se enteró del caso de Parmod, e hizo una visita a la casa del niño en Bissauli. Desafortunadamente, Parmod estaba lejos donde unos parientes, pero se hicieron arreglos para que él fuera a Moradabad.

Cuando la familia llegó a ese lugar, Parmod inmediatamente reconoció a su hermano y lo abrazó cálidamente. Reconoció la casa de ayuntamiento y anunció que estaban cerca a la tienda. El vehículo en el que iban deliberadamente pasó por el lugar para probar a Parmod, pero él reconoció la edificación y le dijo al conductor que se detuviera. Entró a la casa en que había experimentado su anterior vida, y mostró reverencia a la habitación que previamente había reservado para sus devociones diarias. Reconoció a su esposa, padres, hermanos, y a todos sus hijos excepto el mayor. Sin embargo, este último tenía trece años cuando Paramanand murió, y había cambiado enormemente desde los seis años en que habían dejado de verse. Parmod recordó alegremente incidentes de la familia y su vida juntos.

Durante los dos días que estuvo en Maradabad, Parmod efectivamente probó que era la reencarnación de Paramanand, reconociendo diferentes lugares y personas que había conocido en su vida pasada. Pudo señalar la edificación que había sido una oficina sucursal de Mohan Brothers. También explicó cómo hacer agua aireada, y sabía por qué la máquina no funcionaba. Ésta había sido deliberadamente alterada para probarlo.[14]

Los niños a menudo muestran una aptitud o talento específico a una edad muy temprana. Lo más probable es que esto sea el resultado de experiencias en vidas pasadas. Su rica imaginación también puede indicar recuerdos de anteriores encarnaciones.

Un problema que tienen las personas con las regresiones a vidas pasadas es que rara vez pueden ser verificadas. Alguien puede contar una maravillosa historia llena de increíbles detalles que pueden pertenecer a una existencia anterior. Sin embargo, persiste la duda que tal vez de algún modo aprendió la información en esta vida, quizás leyendo un libro o viendo una película. Este problema no existe cuando niños pequeños recuerdan cosas de sus vidas pasadas, ya que no hay posibilidad de que hayan adquirido esa información de otra manera.

En Occidente, se dice que los niños que recuerdan vidas pasadas inventan sus historias o desarrollan un juego imaginario. A medida que estos niños crecen, sus recuerdos se disipan hasta perderse completamente.

¿Es peligroso?

No hay peligro al llevar a cabo una regresión usando las técnicas de este libro. No obstante, hay otros métodos que son potencialmente peligrosos. En la década de los setenta muchas personas exploraron sus vidas pasadas con la ayuda de diversas drogas. No es sorprendente que algunas tuvieran experiencias desagradables. No hay necesidad de estimulantes artificiales para explorar exitosamente nuestras anteriores existencias.

También hay métodos de regresión usando trabajo corporal. En este caso, alguien toca varias partes del cuerpo de una persona para ver qué respuestas son creadas. Cuando se toca el punto correcto, el individuo regresa a una vida pasada. Este es un método efectivo que he usado muchas veces, pero no lo he incluido aquí por dos razones. He oído historias de personas que se aprovechan de otras durante el proceso. Obviamente, usted debe confiar en quien lo está tocando. La otra desventaja es que uno no puede usar este método solo. Ninguna de las técnicas explicadas en este libro requiere un compañero.

Hay algo más que debe ser considerado. Conocer nuestras vidas pasadas también nos hace conscientes del karma creado en ellas. Este conocimiento puede ser difícil de manejar para algunas personas. La mayoría de nosotros luchamos con el karma creado por nuestra vida actual sin tener que preocuparnos por el karma originado en existencias anteriores. Por consiguiente, es mejor que no realice una regresión a menos que esté seguro de que podrá manejar lo que surja en el proceso.

En la práctica he encontrado que la mayoría de personas no tienen dificultad para regresar a sus vidas pasadas. Sin embargo, hay quienes ensayan todos los métodos y no pueden abrir la puerta a sus anteriores encarnaciones. Creo que esto es deliberado; se les impide recordar sus vidas pasadas hasta que estén listos para recibir la información.

¿Por qué explorar las vidas pasadas?

La gente a menudo me pregunta por qué alguien desearía explorar sus vidas pasadas. Mi usual respuesta es que una regresión puede proveer datos valiosos del por qué una persona actúa o se comporta en cierta forma en su vida actual. Una regresión puede a menudo ofrecer información sobre el propósito de la persona en esta vida. Puede explicar las razones que hay detrás de los problemas y dificultades que tiene el individuo en la actual existencia y da indicaciones del karma que debe ser pagado. Cuando las personas saben por qué actúan y reaccionan en cierta forma, logran mucho más control sobre sus vidas.

La terapia de vidas pasadas también es una forma de curación muy valiosa, pues nos permite tratar las causas subyacentes de un problema en lugar de enfocarnos en el manejo de los síntomas. Los recuerdos de nuestras vidas pasadas están impresos en el ADN de cada una de las más de diez trillones de células que conforman el cuerpo humano.[15] Cuando utilizamos técnicas curativas de regresiones a vidas pasadas, podemos curar la "enfermedad" que puede haber existido durante muchas existencias anteriores.

La culpabilidad juega un papel importante en las vidas de muchas personas. La ira, la pena y el miedo reprimidos crean sentimientos de culpa. La terapia de regresión puede ayudar a que estas personas se liberen de la culpa que fue creada en pasadas encarnaciones.

Muchas personas deciden llevar a cabo una regresión cuando están en momentos de crisis. Cuando todo parece ir mal en sus vidas, un gran número de personas busca una solución en sus vidas pasadas. Sin reparar en lo que se descubre, estas regresiones siempre son beneficiosas.

Una señora acudió a mí poco después de que su compañero la había dejado. "Siempre he sido celosa", me dijo. "No sé por qué. Siempre termino perdiendo a las personas que más amo".

Ella regresó a una vida en el siglo XIX en Jamaica. Era la consentida hija mayor de ricos propietarios de plantaciones y siempre recibía lo que deseaba. Se enamoró de un hombre joven, pero desafortunadamente él quería a otra mujer. Intentó todo lo que pudo para alejarlo de su amada, pero nada funcionó. En un ataque de celos le pagó a alguien para que envenenara a su rival. Cuando el joven hombre supo que la mujer que amaba había muerto, se quitó la vida ahorcándose.

Después de esta regresión mi paciente buscó tratamiento adicional. Aunque su compañero no regresó junto a ella, está saliendo adelante exitosamente en su vida, y me dice que sus problemas de celos ocurren sólo ocasionalmente.

Posiblemente lo más importante que puede obtenerse de una regresión a vidas pasadas es el perdón, para uno mismo y los demás. Usted puede perdonar a las personas que le hicieron daño en vidas anteriores, y también puede perdonarse a sí mismo por las cosas que les hizo a ellas. Esto crea una aceptación incondicional de su vida y la de los demás. Cuando este estado es alcanzado, es maravilloso contemplar el progreso que sigue.

Lograr una mayor paz mental también es uno de los grandes beneficios de aprender de las vidas pasadas. Muchas personas le temen a la muerte, y este miedo desaparece cuando se dan cuenta que ese no es el fin.

Otra ventaja de la regresión es descubrir talentos que no sabíamos que teníamos. Las habilidades que usábamos en vidas anteriores no se han perdido. Aún son parte del ser y pueden desarrollarse aun más en esta vida una vez que seamos conscientes de ellas.

Sin embargo, muchos deciden realizar una regresión para averiguar si están cumpliendo el verdadero propósito de sus actuales existencias. Muchas personas no se sienten realizadas y quieren averiguar lo que deberían estar haciendo con sus vidas. En este caso una regresión puede ser muy útil y prueba que nuestro potencial es infinito.

La mayoría de mis pacientes ha expresado una creencia en la reencarnación, pero algunos siguen siendo escépticos, incluso después de experimentar una regresión. Sin embargo, a pesar de sus puntos de vista al respecto, todos han sido ayudados de alguna forma siendo expuestos a una de sus muchas vidas pasadas. Ya sea que su interés sea serio o casual, encontrará los experimentos del siguiente capítulo interesantes y beneficiosos para esta vida.

¿Todos hemos tenido vidas pasadas?

Todavía no he experimentado una situación en la que alguien acuda a mí para una regresión y no tenga ninguna vida pasada. En realidad, la mayoría de personas parecen tener un ilimitado número para escoger.

Uno de mis pacientes que me visita con frecuencia es carpintero. Durante un período de casi veinte años hemos explorado sus vidas anteriores. A veces, cuando viene a verme, quiere examinar una vida en particular que ya hemos escudriñado detalladamente. En otras ocasiones desea observar una vida pasada que no conoce bien. Algunas veces lo deja al azar.

Un factor común en sus muchas vidas anteriores es que siempre ha tenido talento con sus manos. Parece haber tenido la misma cantidad de vidas como mujer y como hombre, pero en todas su destreza ha sido utilizada. En sus encarnaciones masculinas ha sido constructor, fabricante de muebles, granjero, mecánico, etc. En sus encarnaciones femeninas ha sido cocinera, enfermera, asistenta y pastora.

Encuentro fascinante el hilo de espíritu práctico que une todas sus vidas, ya que mis propias existencias anteriores han sido completamente opuestas. Básicamente soy soñador, y en la mayoría de mis vidas he sido monje, predicador, músico, escritor o maestro.

Desafortunadamente, muchas de las personas inte-
resadas acuden a mí por curiosidad y no siguen explorando sus múltiples vidas, como lo ha hecho el carpintero que mencioné. Por lo tanto, no sé si la mayoría de
personas tienen un hilo común que corre a través de
sus diferentes encarnaciones. Este es un interesante
campo de investigación.

Sin embargo, sé que usted ha experimentado muchas vidas pasadas. Ha estado aquí muchas veces antes,
y regresará de nuevo en el futuro.

¿Qué es el déjà vu?

Prácticamente todos hemos experimentado el déjà vu
en alguna ocasión. Esta expresión francesa significa
"ya visto". Es la sensación de que uno ha estado en un
lugar o experimentado algo antes, sabiendo que no ha
sido así. La reencarnación es sólo una de las muchas
explicaciones posibles para este fenómeno. Otras su-
gerencias incluyen haber visto antes la escena en televisión, visualizar una escena similar pero no idéntica,
o incluso soñar el evento antes que suceda.

No obstante, a veces el déjà vu nos conduce al recuerdo espontáneo de una vida anterior. Esto puede ser sorprendente para personas que previamente no han pensado en el asunto.

Una señora que conozco experimentó esto una noche en casa. Había cortado limones para poner en las bebidas que preparó para ella y su esposo, y luego se sentó en la terraza frente a su vivienda para ver la puesta del Sol. Cuando llevó el vaso a la boca olió el limón en sus dedos e instantáneamente se transportó a una vida anterior en la Italia renacentista, donde estaba posando para una pintura en un gran jardín.

"Estoy segura que había toronjil en el jardín", me dijo. "Pero el olor a limón repentinamente me trajo de regreso. No tengo idea de por qué sucedió en ese momento particular, ya que toda mi vida he conocido el aroma del limón. De cualquier modo, me sentí muy feliz. Estaba enamorada de Aroldo, para quien posaba, y sentí una alegría tan grande que pensé que mi corazón estallaría". Ella sonrió. "Nunca he experimentado algo como eso en esta vida".

El doctor Frederick Lenz es un psicólogo que ha estudiado recuerdos espontáneos de vidas pasadas. Él describe sus descubrimientos en su libro *Lifetimes*. Lenz encontró que la mayoría de estos recuerdos espontáneos regresaban como sueños, como una visión mientras la persona está meditando, o de experiencias de déjà vu. También descubrió que inmediatamente antes de un recuerdo espontáneo de vida pasada, estas personas se sentían más livianas y frente a sus ojos aparecían colores brillantes. Experimentaban una eufórica sensación de bienestar y la habitación parecía vibrar. Luego se transportaban repentinamente a una vida anterior por unos momentos. A menudo parecían un poco aturdidas una vez que terminaba la experiencia.

¿Puedo probar que realmente tuve una vida pasada?
Desafortunadamente, esto no es posible en la mayoría de casos. Casi todas las personas tuvieron vidas corrientes en el período de tiempo en que existieron. Pocos tuvieron la oportunidad de recibir educación y viajar. Por lo tanto, sus vidas transcurrieron en una pequeña área cerca a sus casas. Pueden no haber conocido el nombre de la aldea o el pueblo más cercano. Es improbable que supieran el año en que nacieron, o el nombre de la región en que vivieron. Incluso pueden no haber conocido su propio apellido. Naturalmente, es imposible probar o desaprobar estas historias.

Recientemente regresé a una joven a la Europa medieval. Ella era un hombre en esa vida y trabajaba como panadero. Era ambicioso, trabajaba duro, y finalmente tuvo su propio negocio. Fue increíble la cantidad de detalles que surgieron acerca de hornear pan. Sin embargo, él era analfabeto y no tenía idea de la fecha ni el nombre del pueblo en que vivía. Obviamente, sería muy difícil averiguar más acerca de este individuo, pues él mismo sabía poco.

En otras ocasiones pueden emerger muchos detalles buenos pero no pueden ser probados debido a la ausencia de registros históricos. Jess Stearn exploró uno de estos casos en su libro *The Search for the Girl with the Blue Eyes*. Esta joven de ojos azules vivió en el área rural de Canadá a finales del siglo XIX. Nunca estuvo lejos de su hogar, conocía a pocos vecinos, y vivió en una época en que los registros de nacimiento, muerte y matrimonio eran escasos o inexistentes. Aunque la historia es muy convincente y contiene grandes detalles, aún no prueba la realidad de la reencarnación.

Otro ejemplo estudiado exhaustivamente es el de George Field, un joven de quince años que regresó a una vida como granjero durante la Guerra civil norteamericana. Cuando se rehusó a vender sus papas a soldados yanquis por unos pocos centavos, le dispararon en el estómago y murió. La regresión fue conducida por Loring G. Williams, quien posteriormente escribió un relato de esto para la revista *Fate*. Después que el artículo fue publicado salió a la luz más información la cual fue incluida en *You Will Live Again*, el fascinante libro de Brad Steiger.[16] Williams viajó a Jefferson, Carolina del Norte, con George Field, en busca de verificación. George Field, o Jonathan Powell, su nombre en esta vida pasada, pudo suministrar mucha información acerca de las personas que vivían en el área en ese tiempo.

Sin embargo, aunque se pudo verificar una gran cantidad de datos, esto tampoco probó concluyentemente la realidad de las regresiones a vidas anteriores.

De vez en cuando es posible regresar a alguien a una vida pasada donde es posible investigar adicionalmente en libros de historia. En una ocasión regresé a un hombre a una vida en la cual era el tenedor de libros de Oliver Cromwell. Examinando los libros de historia encontramos que alguien del mismo nombre fue efectivamente tenedor de libros de Cromwell. Él recordó esta vida detalladamente, e incluso empleó términos que no son conocidos actualmente. Por consiguiente, es posible, incluso muy probable, que mi paciente fue esta persona en una existencia anterior.

Desafortunadamente, es imposible probar que ese es el caso. Los escépticos dicen con razón que mi paciente pudo haber extraído dicha información de un libro que leyó hace mucho tiempo. Puede haber escuchado un programa radial o ver una película o drama en televisión donde fue mostrado ese personaje. Por lo tanto, es imposible probar que fue esa persona en una vida pasada. Sin embargo, él cree que sí lo fue, y ha sido ayudado por este conocimiento. Y en el análisis final eso es todo lo que importa.

¿Tengo un alma gemela?

Un alma gemela es alguien con quien usted ha tenido un poderoso vínculo a través de muchas encarnaciones. La mayoría de personas consideran que una relación de almas gemelas es un fuerte lazo de amor de una pareja que ha perdurado por cientos e incluso miles de años. Esto frecuentemente ocurre, y siempre es emocionante para la gente encontrar que la persona que adoran en esta vida fue su ser amado en anteriores encarnaciones.

Las relaciones de almas gemelas también pueden incluir importantes uniones que no tienen nada que ver con el amor y el romance. Por ejemplo, alguien que sea su mentor en esta vida puede haber sido su maestro o estudiante en varias vidas pasadas. Esta puede ser considerada una relación de almas gemelas porque es fuerte, importante y vital para su progreso, aunque sea platónica. Por consiguiente, otro beneficio de regresar a vidas anteriores es que nos permite determinar exactamente quién es nuestra alma gemela.

2

Prepárese

*Me encuentro en un sitio que no he visitado antes y
sin embargo me es perfectamente familiar; sé que
fue una situación en la que una vez tomé parte y
estoy a punto de experimentar nuevamente.*

John Buchan (1875–1940)

Creo que todos podemos descubrir recuerdos de vidas pasadas si lo deseamos. Desafortunadamente, en mi práctica he encontrado que muchas personas se les dificulta relajarse y permitir revivir una encarnación anterior. Este puede ser el caso incluso si quieren regresar a sus vidas pasadas por una razón específica.

Hay muchas razones para esto; la principal es el miedo a perder control. Este temor puede ser consciente o inconsciente. Muchos se relajan lo suficiente para profundizar en sus recuerdos perdidos, sólo para fallar en el último momento.

Otro miedo común es que la persona pueda descubrir algo aterrorizante o increíblemente trágico en una vida anterior. Afortunadamente, una regresión puede ser terminada en cualquier momento y la persona regresa sin problemas al presente. En mi trabajo con regresiones siempre digo a mis pacientes que experimentarán sus anteriores existencias con cierta libertad. Pueden acercarse o dar un paso atrás en cualquier momento.

Algunos son escépticos acerca del proceso y no permiten que suceda. Si mantienen esa actitud de incredulidad es imposible que regresen a una vida pasada; pero si suspenden temporalmente su escepticismo, pueden sorprenderse de los resultados.

En este libro discutiremos una docena de diferentes métodos de regresar a vidas anteriores. Usted puede leer todo el libro y luego experimentar con los métodos que más le gusten. He encontrado que es buena idea tener una variedad de ellos para escoger.

Todos pensamos y actuamos de forma diferente. Un método que rápida y fácilmente me lleva de regreso a una vida anterior puede no ser tan efectivo para usted, y otro tal vez le funcione mejor que a mí. Además, diferentes procedimientos parecen funcionar mejor en distintos momentos. Lea este libro, elija un método que le guste, y practíquelo. Podría encontrar que es muy efectivo, y en ese caso puede decidir no ensayar otros. Sin embargo, podría hacer lo mismo que yo y escoger diferentes procedimientos dependiendo de cómo se sienta en un momento dado.

Sin importar qué método escoja, diviértase con él. Esto puede parecer extraño, pero experimentará mejores resultados si conduce su regresión con un sentido de jovialidad. Sea serio respecto a su necesidad de aprender de sus vidas pasadas, pero disfrute el proceso de descubrirlas. Como con muchas otras cosas en el mundo psíquico, la austera determinación hace casi imposible alcanzar el éxito.

Posiblemente descubrirá incidentes desagradables en sus vidas anteriores. Muchos le habrán causado dolor. Igualmente, usted habrá perjudicado a otros en diferentes tiempos. Debe tener en cuenta que la persona que recibió y causó daño no es la misma que existe ahora. Si robó, violó o mató en sus vidas pasadas, no significa que actualmente sea un individuo detestable. Al regresar a vidas anteriores tiene la oportunidad de perdonar a los demás por lo que le hicieron. Tendrá una enorme satisfacción al hacerlo.

No es necesario que crea en la reencarnación para que estos experimentos funcionen. Sin embargo, debe tener una mente abierta y tomar con seriedad lo que va a hacer. No tendrá éxito si trata el asunto como una broma.

Asegúrese que la habitación en que va a conducir la regresión sea cálida y no sea interrumpido en el proceso. Tal vez sienta que acostarse en la cama de noche sea el mejor lugar para regresar a una vida anterior. En la práctica este no es usualmente el caso. La mayoría de personas que tratan de hacer esto —y me incluyo— simplemente se queda dormida. He descubierto que una silla reclinable en una cálida habitación es el lugar ideal.

Muchos prefieren escuchar música que induce a meditar durante las regresiones. Asegúrese de que dicha música no tenga tonos reconocibles, ya que es un instrumento de ayuda y no de distracción. Yo prefiero una habitación en silencio; sin embargo, un fondo musical puede eliminar sonidos que pueden distraer. Escuche música si cree que le ayudará a relajarse.

Es mejor no tener expectativas al comenzar. Tal vez esté convencido de que tuvo una vida en la Barcelona medieval y pida ser llevado ahí. Pero el experimento está destinado al fracaso si en realidad nunca ha vivido en dicho lugar en ninguna de sus muchas existencias.

Algunas personas están convencidas de que fueron famosas en el pasado. He conducido regresiones para cientos de pacientes y aún no he encontrado la reencarnación de Enrique VIII o Cleopatra. Me encantaría encontrar estas personas, pero nunca ha sucedido. Lo más probable es que usted fue un individuo promedio en su vida anterior. Siempre me causa sospecha cuando alguien me dice que cree haber sido Napoleón o algún otro personaje famoso de la historia. Aunque parecen verdaderamente creer que este es el caso, es más probable que simplemente estén reforzando su autoestima en esta vida.

Cuando haya experimentado y explorado una de sus vidas anteriores, examine otras. Esto le dará una perspectiva del propósito de su alma. Cada vida adicional se suma al marco general y suministra más discernimientos en la existencia que está experimentando.

Después de regresar dos o tres veces, podrá pensar que simplemente está imaginando sus vidas pasadas. Muchas personas lo creen así. Esto no es sorprendente, pues sus primeras regresiones probablemente han de contener una variedad de recuerdos desconectados que pueden parecer puras fantasías. Sin embargo, a medida que practique los diferentes métodos y tenga más confianza en su capacidad para regresar a existencias anteriores, emergerán detalles cada vez más valiosos.

Después de cada regresión piense en la experiencia antes de retornar a su vida cotidiana. Vea qué lecciones tenía que aprender. Observe qué factores kármicos estuvieron involucrados. En particular, vea si el karma aún lo está afectando en la vida actual. Observe qué habilidades y talentos tenía en esa vida pasada. Perdónese a sí mismo por sus pasadas indiscreciones. Perdone a los demás por lo que le hicieron. Tenga en cuenta que sin importar cómo era en esa existencia anterior, hizo lo que más pudo. Recuerde que no es la misma persona que era en esa vida. Por lo tanto, no debe sentirse culpable ni recriminarse. Finalmente, cuando se sienta listo, estire su cuerpo y levántese.

Haga notas de sus experiencias lo más pronto posible después de la regresión. Estas notas con el tiempo serán cada vez más valiosas.

Sea cuidadoso cuando hable con los demás acerca de sus experiencias de vidas pasadas, al menos en las primeras etapas. Algunos no entenderán lo que está haciendo y pueden incluso pensar que ha caído en las garras de fuerzas satánicas. Yo lo he experimentado, y he perdido amigos a causa de mis exploraciones en el mundo psíquico. Todos somos diferentes y estamos en distintas etapas de desarrollo. Sea amable y comprensivo cuando otras personas traten de desmotivarlo. Responda las preguntas que le hagan, pero no intente forzar sus ideas en alguien.

La mayoría de personas exploran a solas su interés por las regresiones, y este libro fue escrito pensando en un practicante individual. Sin embargo, hay muchos beneficios cuando se trabaja con un compañero de ideas semejantes. Un compañero comprensivo puede guiarlo a través de su regresión y hacer que toda la experiencia sea más agradable y fácil. Otra ventaja es que después podrán discutir las experiencias mutuamente.

3

El Karma

Para cada acción hay una reacción igual y opuesta.
Sir Isaac Newton (1642–1727)

*K*arma es una palabra sánscrita que se deriva del verbo *kri*, que significa "hacer" o "activar". Por consiguiente, *karma* significa "acto o actividad". El karma describe la ley universal de causa y efecto. Todo lo que pensamos, decimos o hacemos, crea una reacción o tiene un efecto. En otras palabras, cosechamos lo que sembramos.

Esto se debe a que el universo es moral, y al final cada acción, buena o mala, recibirá su debida compensación. Si usted hace algo malo hoy, finalmente recibirá su consecuencia correspondiente. Tal vez no suceda en esta vida, pero siempre tendrá que pagar por lo que hizo. Igualmente, una acción buena hecha hoy será retribuida en el futuro. Las acciones buenas y la bondad mostrada a los demás en el presente pueden ayudar a balancear karma negativo creado en el pasado. Por consiguiente, aunque la mayoría de personas parece asociar el karma con el pago por malas acciones, en realidad hay karma bueno y malo.

Algunos relacionan el karma con la predestinación. Este no es el caso. No tiene nada que ver con el destino; no es un proceso de retribución o castigo. El karma es un proceso en el cual cada acción tiene una cierta consecuencia. Si usted se enfrenta a una elección moral y toma la decisión correcta, ganará karma bueno. Si decide hacer lo que no es correcto, al final tendrá que pagar el precio. Es tan simple como eso. He hecho muchas charlas en prisiones y encontrado numerosos individuos que están pagando el precio por tomar la decisión equivocada. Sin embargo, éstos son sólo los individuos que fueron capturados. Muchos criminales parecen salirse con la suya haciendo la elección incorrecta; al menos eso es lo que parece. Pero tarde o temprano, en esta vida o la siguiente, indudablemente pagarán por lo que hicieron.

El concepto de karma puede parecer como un proceso de premio y castigo. Pero en realidad es mucho más que eso. Nos da oportunidades para crecer. La vida que usted tiene ahora es el resultado directo de todo lo que ha hecho en existencias anteriores. En esta vida se le presentarán desafíos, dificultades y oportunidades. La manera en que maneje estas experiencias determinará cómo será su siguiente vida. Nadie recibe más de lo que puede manejar.

En el libro *Karma and Rebirth*, su autor Christmas Humphreys describió el karma de esta manera: "el hombre es castigado por sus mismos pecados, no a causa de ellos. El karma no premia ni castiga, sólo restaura la armonía perdida. El que sufre merece su sufrimiento, y el que tiene razón para regocijarse está cosechando donde ha sembrado".[1]

Las personas conscientes del concepto de karma están en una posición mucho mejor para avanzar positivamente, en comparación de quienes no saben nada acerca de esta ley y conducen sus vidas de manera fortuita y no dirigida. Aun más importante, es el hecho de que quienes activamente buscan manejar su karma, parecen recibir protección y ayuda de fuerzas divinas. Esto se debe a que están actuando de acuerdo a la voluntad de Dios en lugar de luchar contra ella. Con esto no se liberan de sus deudas kármicas, pero sí se fortalecen y pueden avanzar de una manera más positiva y dirigida.

Una de las más poderosas formas para liberar el karma es perdonarse a sí mismo y a los demás. Si alguien lo perjudica pero usted es compasivo y lo perdona sin reservas, acumulará karma bueno. Es interesante observar que si perdona a los demás también envía mensajes al universo que estimulan a dichas personas para que lo perdonen a usted. Todos cometemos errores a lo largo de la vida, y es importante que nos perdonemos a nosotros mismos.

Hay muchas referencias al karma en la Biblia. En Job 4:8 leemos, "como yo he visto, los que aran iniquidad, y siembran injuria, siegan lo mismo". En el libro de la Revelación 2:23 dice, ". . . y os daré a cada uno según vuestras obras". La más famosa referencia es encontrada en Gálatas 6:7: "Dios no puede ser burlado, pues todo lo que el hombre sembrare, eso también segará". Jesús hizo una referencia indirecta del karma creado por el pensamiento en el Sermón del monte: "oísteis que fue dicho: no cometerás adulterio. Pero yo os digo que cualquiera que mira a una mujer para codiciarla, ya adulteró con ella en su corazón" (Mateo 5:27–28).[2]

Durante los últimos veinte años han sido hechas muchas investigaciones sobre experiencias cercanas a la muerte. Uno de los más asombrosos descubrimientos es que las experiencias reportadas por la mayoría de personas respecto a regresar a la vida, son prácticamente idénticas a las registradas en el *Tibetan Book of the Dead Libro* (Libro tibetano de los muertos). Esto parece indicar que dichas personas estuvieron brevemente en el *bardo*, el estado de conciencia que experimentamos entre vidas. El doctor Joel Whitton, un neuropsiquiatra de Toronto, fue uno de los primeros en investigar este campo, y encontró que muchas personas resuelven una especie de "guión kármico" mientras esperan renacer. Estando en el estado bardo escogen el tipo de carrera que emprenderán en su siguiente vida, el tipo de pareja matrimonial que tendrán, los padres, etc.[3] Esto les permite preparar experiencias que permitirán trabajar karma de vidas anteriores. Por supuesto, si tienen o no éxito en esta existencia es un asunto diferente.

Nuestros motivos juegan un papel importante en el karma. Por ejemplo, si una persona rica construye un hospital como regalo para la comunidad, incuestionablemente ganará beneficio kármico por su generosidad. Sin embargo, el grado de beneficio está determinado por sus motivos. Si la construcción es donada con el deseo de ayudar a los demás, las recompensas kármicas serán grandes. Si la persona da el regalo por otros motivos, tales como reforzar su ego o mejorar sus aspiraciones políticas, los beneficios serán mucho menores.

Hay un estado de equilibrio en el universo, y cualquier cosa que hagamos, tarde o temprano será balanceada para restaurar ese estado. Hace más de cien años Ralph Waldo Emerson expresó muy bien este concepto cuando escribió, "si usted ama y sirve a los hombres, no puede de ningún modo escapar a la remuneración. Las retribuciones secretas siempre están restaurando el nivel de la justicia divina cuando es alterado es imposible romper el balance. Todos los tiranos, propietarios y monopolistas del mundo en vano ponen sus hombros para inclinar la balanza, es imposible hacerlo".[4]

Carl Jung no concluyó si el karma que llevaba provenía solamente de esta vida o de todas sus existencias pasadas. Sin embargo, tuvo un buen acercamiento al asunto. En su autobiografía escribió, "cuando muera, mis acciones seguirán conmigo —eso es lo que creo—. Me llevaré lo que he hecho. Mientras tanto, es importante asegurar que no llegaré al final con las manos vacías".[5] En otras palabras, todos debemos hacer lo mejor que podamos en esta vida.

El karma es una de las más antiguas doctrinas en el mundo. El hecho de que aún sea aceptado por más de la mitad de la población mundial, se debe a su básica justicia imparcial. Cosechamos lo que sembramos.

4

Soñar con las vidas pasadas

Todo lo que vemos o parecemos
es sólo un sueño dentro de un sueño.

Edgar Allan Poe (1809–1849)

Mis estudiantes miran horrorizados cada vez que sugiero que pueden recapturar y revivir sus vidas pasadas en los sueños. "Si recordamos nuestros sueños", dicen. "¿Cómo podemos recordar las vidas anteriores soñando con ellas?". Afortunadamente, usted puede recordar sus sueños, y también dirigirlos para que revelen información acerca de sus pasadas existencias.

Los sueños son los pensamientos, sensaciones, imágenes y emociones que pasan a través de nuestra mente mientras estamos dormidos. Son parte de un estado alterado de conciencia al cual entramos cada noche. En promedio cerca del 20 por ciento del tiempo que dormimos nos encontramos en estado de sueño. Para la mayoría de personas se trata de aproximadamente hora y media por noche.[1]

Soñar es una parte esencial de nuestra vida. Tenemos de cuatro a siete sueños por noche. En promedio pasamos de seis a siete años de la vida soñando. De hecho, si no soñáramos nos enfermaríamos. Las investigaciones han demostrado que quienes sufren de depresión tienen menos sueños. Cuando empiezan a soñar más, lo cual se observa con un movimiento rápido de los ojos, es una señal de que nuevamente están bien.[2]

Los sueños han fascinado a la humanidad desde sus inicios. Los estudios en este campo también tienen mucho tiempo. El primer libro serio sobre el tema fue el del marqués d'Hervey de Saint-Denys, quien trató de influenciar sus propios sueños. Incluso colocaba música en la noche en un intento de estimular ciertos tipos de sueños. Su libro *Dreams and How to Guide*

Them apareció en 1867.[3] Desafortunadamente, no fue distribuido ampliamente. Incluso Sigmund Freud nunca pudo localizar una copia.

Un avance significativo ocurrió en 1953, cuando varias investigaciones descubrieron que el movimiento rápido de los ojos de una persona dormida indica que está soñando. En los primeros experimentos, encontraron que veinte de cada veintisiete individuos reportaban sueños vívidos al despertar mientras ocurría el movimiento rápido de los ojos. Sin embargo, sólo cuatro de veintitrés recordaban sus sueños al ser despertados en un momento en que no hacían dicho movimiento ocular.[4]

Desde entonces se han desarrollado miles de experimentos. En promedio, el 80 por ciento de las personas despertadas durante el período de MRO (movimiento rápido de los ojos), reportaban sueños muy visuales. Quienes despertaban en otros momentos también tenían sueños el 30 a 50 por ciento de las veces, pero éstos no eran tan visuales y parecían pensamientos.

Cuando usted despierta normalmente después de dormir, es muy probable que tenga el vago recuerdo de un sueño. Sin embargo, una vez que se levanta y empieza su día, este recuerdo desaparece rápidamente.

Un diario de sueños es una herramienta útil para registrar las experiencias oníricas. Si es posible, permanezca en la cama unos minutos después de despertar y piense en el sueño. Muévase lo menos posible. Por alguna razón desconocida, el recuerdo del sueño parece ser más fácil si se piensa en él estando en la misma posición en la que estábamos cuando el sueño ocurría. Haciendo esto, le llegará cada vez más información mientras gradualmente recuerda el sueño. No trate de forzar vagas impresiones para hacerlas más claras. Enfóquese en los elementos que puede recordar y vea qué otra cosa aparece.

Luego, cuando se sienta listo, registre todo lo que pueda recordar. Yo uso un diario de sueños que mantengo junto a la cama. Tal vez prefiera grabar sus impresiones en cassette, o incluso hacer un dibujo de sus recuerdos. No es importante cuál método use, siempre y cuando lo encuentre fácil de hacer y útil cuando esté revisando sus sueños en una fecha posterior.

Muchos de mis estudiantes han encontrado conveniente escribir unas pocas palabras o frases. Esto ayuda a clarificar el sueño en sus mentes, haciendo más fácil escribir el sueño por completo.

Es importante escribir todo lo que pueda recordar. No elabore ni censure nada. Podría sorprenderse de lo que puede surgir. No importa. Escríbalo exactamente como lo recuerda. Muchas veces los sueños no están completos pero gradualmente se manifiestan durante un período de tiempo. Si censura detalles poco claros perderá importante información que puede aclararse posteriormente. Obviamente, debe mantener el diario de sueños en un lugar seguro, bajo llave si es necesario.

Nada de esto funcionará si se levanta apresurado y tiene que saltar de la cama para ir a trabajar. En este caso podría programar su reloj despertador para que suene diez minutos antes de lo usual. Esto le dará suficiente tiempo para pensar en sus sueños y ponerlos por escrito. Alternativamente, podría concentrarse en recordar los sueños durante un fin de semana o en cualquier otro tiempo en que no necesite despertarse con un reloj de alarma.

Otro método es dictar sus sueños a alguien en quien confía plenamente. Esto es lo que hacía Joan Grant, la famosa autora. Ella encontró que muchos de sus sueños eran acerca de su vida en anteriores encarnaciones. Se entrenó para despertar varias veces en la noche y escribir lo que soñaba. Entre más lo hacía, más complejos eran los sueños, y finalmente su marido los escribía por ella. Sin embargo, él se preocupó mucho cuando Joan decidió publicarlos, ya que no quería que nadie se enterara de la creencia en la reencarnación de su esposa. El primer libro de Joan Grant, *Winged Pharaoh*, apareció en 1937 y se convirtió en best-seller. No es sorprendente que también haya marcado el fin de su primer matrimonio. Aunque nadie lo supo en ese tiempo, *Winged Pharaoh* fue la historia de una de sus vidas pasadas. Al final escribió siete novelas históricas que realmente eran relatos de sus anteriores existencias.[4]

Hay otras cosas que puede hacer para mejorar el recuerdo de sus sueños. Es más fácil que los recuerde en la mañana si ha tenido una buena noche. Si se acuesta muy tarde o inmediatamente después de ingerir una gran comida, lo más probable es que no recuerde lo soñado. Lo mismo se aplica si va a la cama después de excederse en alcohol o drogas. Es más posible que recuerde sus sueños si se acuesta con un estado mental tranquilo y relajado.

Mientras se duerme, dígase a sí mismo que recordará los sueños cuando despierte. Algo tan simple como esto puede marcar una gran diferencia en el número de sueños que recordará en la mañana. Esto se debe a que es mucho más probable recordar lo que es importante para nosotros que algo poco significativo. Si toma sus sueños seriamente, su capacidad para recordarlos mejorará rápidamente.

Todas las personas que conozco e intentaron esto han aumentado su capacidad para retener en la mente sus sueños. En lugar de recordar vagas impresiones que se disipan rápidamente, obtienen vívidos detalles y un panorama mucho más claro de lo que sucede. Esto no es sorprendente, ya que han tomado un rol activo y positivo de recordar sus sueños cuando despiertan.

Si despierta en la mañana y no se acuerda de sus sueños, siga acostado tranquilamente unos minutos con los ojos cerrados. Piense en su necesidad de recordar los sueños y vea cómo regresan a usted. A veces un sueño olvidado retornará a su mente mientras yace tranquilamente en cama esperando que surja de nuevo. Es importante permitir que esto suceda. Estará destinado a fracasar si trata de forzar un sueño en su mente consciente. Los sueños son evasivos y no responden a la presión. Es maravilloso si uno de ellos retorna de esta manera, pero no se preocupe si no surge nada. Simplemente levántese cuando esté listo. Confíe en que recordará sus sueños a la mañana siguiente.

Experimente esto durante dos semanas antes de intentar un sueño que penetre a una de sus vidas pasadas. Encontrará que es una experiencia valiosa, enriquecedora e infinitamente fascinante.

El fallecido D. Scott Rogo escribió un libro sobre vidas pasadas llamado *The Search for Yesterday: A Critical Examination of the Evidence for Reincarnation*. En el curso de su investigación él colocó anuncios en revistas esperando encontrar personas que hubieran experimentado recuerdos de vidas anteriores sin usar una técnica de regresión. Descubrió que en la mayoría de casos creíbles, estas personas revisitaban sus vidas pasadas mientras dormían.

Cuando adquiera la capacidad de recordar sus sueños, podrá empezar a tener experiencias oníricas que se relacionen con sus muchas existencias anteriores. Esto es más fácil de lo que se puede imaginar.

Al acostarse, dígase a sí mismo que esa noche tendrá un sueño de una de sus vidas pasadas y lo recordará al despertar. Piense en su deseo de recordar existencias anteriores, y luego dígase de nuevo que tendrá un sueño de este tipo y lo recordará en la mañana.

Si tuvo éxito con su ejercicio de recordar los sueños, encontrará una variedad de impresiones en su mente cuando despierte después de esta nueva experiencia. No trate de analizarlos inmediatamente. Déjelos que fluyan a su mente consciente y formen una imagen o impresión. Si permanece acostado tranquilamente y permite que este proceso continúe, llegarán a su mente otros discernimientos de toda clase. Luego registre lo que pueda recordar lo más pronto posible.

Es posible que despierte sin recuerdo alguno de los sueños que tuvo. Esto es improbable si se ha vuelto experto en recordarlos; sin embargo, puede suceder. No se preocupe si es así. Inténtelo de nuevo la noche siguiente, o las veces que sea necesario. Si sigue practicando con mente positiva, los recuerdos de sus vidas pasadas regresarán a usted.

Analizando los resultados

Puede tomar varias noches antes de tener una idea concreta del significado de sus sueños. Por esta razón es importante que registre todo lo que pueda recordar, incluso si no parece ajustarse al resto de la información obtenida. A veces la misma información le será dada varias noches consecutivas. La examinación de esto usualmente proveerá cada vez más detalles.

Hace algunos años estuve hablando en un programa radial acerca de sueños de reencarnación. Pocas semanas después fui contactado por una pareja que había ensayado la técnica con éxito. Se emocionaron con los resultados pero quedaron perplejos por algo. Gladys, la esposa, conoció todo sobre su vida pasada en forma de un libro de cuentos, casi como si estuviera viendo una película. Por otro lado, Bill, su esposo, recibió imágenes de diferentes escenas que sólo tuvieron sentido varias noches después. Me dijeron que parecía injusto que uno recibiera toda su vida pasada en un sólo sueño, mientras al otro le llegó por trozos.

La respuesta es que todos tenemos diferente forma de pensar, y por consiguiente nuestros métodos para recordar también son distintos. Podía entender la frustración de Bill, ya que le tomó varias noches obtener la misma cantidad de información que Gladys había ganado en sólo una. El recuerdo de ella vino completamente formado, mientras Bill tuvo que gradualmente organizar el suyo. Sin embargo, a la larga no importa qué tiempo tome recuperar recuerdos perdidos, siempre y cuando retornen a nosotros.

El recuerdo de Bill era interesante por varias razones. En la primera noche despertó temblando con la fuerte impresión de una bayoneta y un casco militar alemán. No tenía idea si él era un soldado o éste lo estaba atacando. Pensó que posiblemente fue esto último, pues despertó lleno de miedo.

La siguiente mañana no suministró nuevas pistas acerca de eso. Recordó una tranquila escena doméstica. Él, su esposa y dos niños pequeños estaban disfrutando el desayuno en un patio que tenía vista a un río ancho y de suave corriente. Había un gran castillo al otro lado del río. Bill pensó que debía ser el río Rin.

En su sueño de la tercera noche, Bill se encontraba en un mostrador y las personas llegaban y lo maltrataban. Parecía no haber nada que pudiera hacer para detener lo sucedido, así que rompió en llanto. Creyó ver de nuevo la bayoneta, pero no estaba seguro.

En la cuarta noche se vio en un funeral. Su esposa e hija estaban paradas a su lado. Se dio cuenta que se encontraba en el funeral de su hijo. Después del entierro la familia se fue a casa y él se vio en un espejo. Estaba usando un uniforme militar y supo que era un oficial del ejército alemán. En la mañana siguiente Bill despertó sin claras imágenes en su mente, pero con la conclusión de que su esposa en esa vida pasada era su hija en la actual.

El siguiente sueño trajo el recuerdo de una reunión táctica con el Kaiser Wilhelm. Había otros oficiales en la sala, y Bill se dio cuenta que tenía un rango superior en el ejército alemán. Despertó con una horrible sensación de culpabilidad, pues sabía que la guerra había sido perdida.

En la séptima mañana Bill despertó con el recuerdo claro de estar acostado es un hospital esperando morir. Su esposa y su hija ya adulta estaban sentadas junto a él. Su hija tenía un embarazo avanzado. Bill quería hablarles para decirles cuánto las quería, pero las palabras no fluían. Lloraba lágrimas de frustración que su esposa secaba tiernamente con un pañuelo. Acostado en la cama observándolas, sintió cómo la imagen gradualmente se disipó. Repentinamente todo lo que podía ver era oscuridad, y se dio cuenta que había muerto.

Bill pudo poner en perspectiva estos diferentes recuerdos sólo después del sueño final. "Yo era un hombre sensible y humanitario que odiaba la guerra pero tuve éxito gracias a ella", me dijo. "Yo amaba la belleza, y estoy convencido de que fui un comerciante de obras de arte en esa vida. No quería luchar, pero me involucré en contra de mi voluntad. Tuve beneficios económicos porque los contactos que hice durante la guerra fueron después mis pacientes. ¿Fue una vida feliz? Es difícil de decir. Hubo momentos en que me sentía orgulloso y realizado, pero gran parte del tiempo me avergonzaba de lo que estaba haciendo".

Le pregunté si se sentía orgulloso y realizado en su actual vida. "Realmente nunca pensé en eso antes", contestó. "Pero pienso que la respuesta es 'sí'. Tengo firmes valores morales, y no he hecho algo de lo que me avergüence. Recuerdo que en mi adolescencia me alejaba de mis amigos cuando estaban a punto de realizar una acción que yo consideraba mala". Luego sonrió. "Quizá aprendí algo de esa vida pasada después de todo. Hice muchas cosas que no debía haber hecho. Podría justificar todo diciendo que eran tiempos de guerra y no tenía elección, ¿pero es ese realmente el caso?".

La vida pasada de Gladys fue mucho más simple. Ella era la única hija de una rica familia inglesa que vivía al Sureste de Inglaterra en el siglo XVIII. Ella fue ofrecida por sus padres y casada con el hijo mayor de los mejores amigos de ellos. El matrimonio estuvo lleno de felicidad y tuvieron siete hijos. Ella vivió más que todos y se vio rodeada en su lecho de muerte por nietos que la amaban. "Obviamente fue una vida feliz", me dijo. "Sin acontecimientos notables, incluso aburrida en ocasiones, pero siempre estuve rodeada por amor."

"¿Cómo se ajusta eso en esta vida?"

Gladys miró a su esposo. "Bill y yo lo hemos discutido bastante. Creo que en mi vida anterior fui egocéntrica y no pensaba en las personas menos afortunadas que yo. En la vida actual aún sigo siendo afortunada con mi familia y amigos, pero dedico gran parte de mi tiempo a trabajos humanitarios". Apretó la mano de Bill. "Quizá demasiado tiempo". Aunque Gladys y su esposo aprendieron de sus vidas pasadas de diferente forma, las encontraron útiles para responder preguntas de la vida actual.

Bill y Gladys quisieron explorar más estas existencias anteriores. Hay dos formas de hacer esto usando los sueños. Una es continuar el camino que empezaron. Cuando vayan a la cama en la noche deben decirse a sí mismos que retornarán a esa vida pasada específica para aprender más de ella. El otro método es explorar sus vidas anteriores con sueño lúcido. (También hay un tercer método que discutiremos posteriormente en este capítulo).

Sueño lúcido

Es un sueño en el cual la persona es consciente de que está soñando. La mayoría hemos experimentado la sensación de saber que estamos soñando, pero el sueño toma posesión y la mente consciente se vuelve a dormir. Sin embargo, en esta situación es posible deliberadamente permitir que la mente consciente dirija el sueño. Al tener control sobre él, podemos llevarlo a donde queramos.

Edgar Cayce experimentó un sueño extraordinariamente lúcido durante la I Guerra Mundial. Su esposa Gertrude dio a luz a su segundo hijo en 1910. Tristemente, el bebé vivió sólo dos meses. Años después Edgar soñó que se había encontrado y hablado con algunos de sus alumnos de escuela dominical que habían muerto durante la guerra. Estando en el sueño, Edgar pensó que si había podido ver a estos jóvenes soldados, aunque estuvieran muertos, debía haber una forma para poder ver a su hijo. Instantáneamente apareció entre bebés sonriendo, de los cuales uno era su hijo. El sueño consoló al acongojado padre que luego pudo seguir adelante su propia vida.[5] Este es un notorio ejemplo de lo útil que puede ser el sueño lúcido.

Hay varias cosas que usted puede hacer para aumentar la probabilidad de soñar lúcidamente.

Paso uno —Preparación

Antes de dormirse dígase a sí mismo que experimentará un sueño lúcido. Es importante que lo haga de manera casual, casi de improviso. Puede decir "esta noche, mientras duermo, me daré cuenta que estoy soñando y soñaré con [lo que quiera experimentar]". Si insiste en que tendrá un sueño lúcido, lo más probable es que no tendrá ninguno.

Decida una cierta acción que llevará a cabo en el sueño. Puede ser cualquier cosa. Para empezar es mejor que sea algo simple. Posteriormente podrá elegir la visita a un amigo o pariente.

Paso dos —Entre en un sueño lúcido

Si se despierta durante la noche y siente que va a dormirse de nuevo, dígase a sí mismo que tendrá un sueño lúcido.

Si frecuentemente sueña con un determinado objeto o evento, diga que la próxima vez esta situación ocurra, inmediatamente será consciente de ello y podrá experimentar un sueño lúcido.

Tener un sueño de este tipo es una de las cosas más fascinantes que experimentará. No hay límites, puede ir dondequiera y hacer cualquier cosa. Por ejemplo, puede avanzar y retroceder en el tiempo, visitar otros planetas, u observar parientes que viven en otras partes del mundo. También puede explorar sus vidas pasadas más detalladamente que con cualquier otro método.

Paso tres —Regrese a su vida pasada

Una vez que sea consciente de que está soñando lúcidamente, diga que regresará a una de sus existencias anteriores y vea a dónde lo lleva la experiencia. (Si está familiarizado con algunas de sus previas encarnaciones, podrá regresar a una de ellas si lo desea).

Puede avanzar o retroceder en el tiempo en esta vida pasada como lo hace mentalmente en su actual existencia. Mientras experimenta esta vida anterior, vea si puede averiguar cuál fue su principal propósito en ella. Dese cuenta de lo que disfrutaba hacer, quién era importante para usted, lo que hacía para ganarse la vida, y cualquier otra cosa que se le ocurra.

La ventaja del sueño lúcido es que realmente puede acercarse todo lo que desee a cualquier evento o experiencia. Si algo le parece doloroso o emocional, puede observarlo de lejos. Podría incluso alejarse completamente. Igualmente, puede aproximarse cada vez más a ocasiones alegres y experimentarlas de nuevo como lo hizo la primera vez.

Paso cuatro —Regrese al presente

Siempre será consciente de que está soñando lúcidamente, y puede regresar al presente cuando lo desee.

Desafortunadamente, a veces se encontrará de regreso en el presente mucho antes de estar listo para hacerlo. A menudo, si un evento parece doloroso, peligroso, demasiado emocional o traumático, sentirá que es tirado bruscamente hacia el presente. Este es su instinto de supervivencia que actúa para protegerlo. A veces sucederá cuando menos lo espere, lo cual puede ser molesto.

Permanezca en calma cuando esto ocurra. Siga acostado tranquilamente y vea si puede retornar a su vida pasada. Con frecuencia se sentirá regresando a su sueño lúcido, y podrá seguir con la exploración. He descubierto que la mejor manera de hacer esto es pensar en el escenario de esa vida anterior. Pensando en las edificaciones, los árboles y otros objetos en el entorno, a menudo penetro en el mismo sueño y puedo continuar donde quedé.

Otras veces simplemente se volverá a dormir. No hay nada que pueda hacer. Disfrute la noche y confíe de que recordará su sueño lúcido cuando despierte.

Paso cinco —Registre su sueño lúcido

Haga notas acerca de la experiencia cuando despierte en la mañana, y regrese a esa vida pasada la noche siguiente. Haciendo esto creará gradualmente un registro completo de sus muchas existencias anteriores.

Soñar lúcidamente requiere práctica. Creo que cualquier persona puede aprender a hacerlo, pero incluso practicantes expertos encuentran difícil tener un sueño lúcido a solicitud. Afortunadamente, también existe el sueño consciente.

Sueño Conciente

Este sueño es similar al lúcido, y con frecuencia se convierte en uno de esta clase. En este último usted se da cuenta que está soñando y luego procede a dirigir la experiencia. En el sueño consciente se despierta y dirige los pensamientos hacia su propósito.

Vaya a la cama en su hora habitual, cierre los ojos y relájese. Es importante que no esté demasiado cansado ni haya comido o bebido mucho. Piense en su deseo de explorar una de sus vidas pasadas. Deje que diferentes pensamientos fluyan por su mente, pero evite los negativos. Si se encuentra pensando cosas negativas, simplemente libérese de ellas. Dígase a sí mismo que las retomará mañana porque ahora tiene algo mejor que hacer.

Cuando se sienta completamente relajado, piense en diferentes eventos que han sucedido en su vida y visualice su entorno cuando ellos ocurrieron. Podría escoger acontecimientos cuando estuvo lejos de casa y el ambiente era más exótico que lo usual. Yo invariablemente pienso en mi visita al templo de Poseidón en

Sounion, cerca a Atenas, cada vez que hago este ejercicio. No importa en qué eventos piense, siempre y cuando sean positivos y pueda visualizar el entorno. Retroceda en su vida todo lo que pueda. Si retorna hasta la temprana infancia y nada desencadena una respuesta en su mente, deje de concentrarse en los entornos y enfóquese en las caras, sonidos y sentimientos que surjan.

Podría encontrar que una escena en particular llama su atención más que las otras. Si esto ocurre, concéntrese en ella y vea a dónde lo lleva. Tal vez lo transporte a un sueño lúcido que se relaciona con una vida pasada. Si no parece conducir a ningún lado, regrese al presente. A veces un sueño consciente de este tipo repentinamente se convierte en un sueño lúcido de una de sus vidas pasadas en el que usted es literalmente absorbido.

A menudo se dormirá antes que este sueño consciente lo guíe a un sueño lúcido. Sin embargo, cuando despierte en la mañana probablemente tendrá un fuerte recuerdo de eventos que tomaron lugar en una vida pasada.

Otro método que podría intentar es una forma de sueño yoga tibetano que estimula el sueño consciente. Acuéstese de lado con las rodillas ligeramente dobladas. Cierre los ojos y piense en su propósito de entrar a un estado de sueño. Visualice dentro de su garganta una flor de loto hermosa y vibrantemente azul.

Imagínela abriéndose lentamente y observe una luz blanca increíblemente pura emergiendo de su centro. Sienta que esta luz gradualmente lo llena y rodea con protección, paz y serenidad. Mientras el loto se abre lentamente, escuche la palabra mántrica Om [aum] repetida una y otra vez en su mente.

Simplemente siga consciente de la hermosa flor de loto, la luz blanca y el sonido mántrico. Respire lenta y profundamente y permanezca consciente y expectante. Pronto se dará cuenta que está soñando, aunque aún esté despierto. Siga con el sueño y vea a dónde lo lleva. Si es necesario, guíelo poco a poco hacia una de sus vidas pasadas.[6]

Soñar despierto conscientemente

Una forma de sueño consciente puede hacerse mientras se está despierto. Este es el tercer método que anteriormente mencioné. Es una forma de soñar despierto.

Paso uno —Preparación

Necesitará al menos media hora, preferiblemente más tiempo, para realizar este ejercicio. Siéntese tranquilamente donde no sea interrumpido, cierre los ojos, y tome unas cuantas respiraciones profundas.

Paso dos —Piense en sus recuerdos de vidas pasadas

Piense en recuerdos de existencias anteriores que le han llegado en sus sueños. Tome su tiempo en esto.

Experimente dichos recuerdos lo más completa y vívidamente posible.

Paso tres —Pida más información

Una vez que haya hecho el paso dos, vea si puede descubrir más recuerdos de esta vida anterior. No hay necesidad de esforzarse por resultados; permanezca relajado. Sueñe despierto y vea lo que llega a su mente. A menudo podrá seguir desde donde quedó el sueño. Lleve los recuerdos tan lejos como pueda.

Paso cuatro —Regrese al presente

Detenga el ejercicio cuando sienta que ha aprendido todo lo que puede en esta sesión, o cuando el sueño despierto empiece a dirigirse a áreas que no están relacionadas con su vida pasada. La mejor forma de retornar a una conciencia total es tomar cinco respiraciones profundas antes de abrir los ojos.

Paso cinco —Registre sus descubrimientos

Ponga por escrito todo lo que pueda recordar lo más pronto posible después de terminar el ejercicio. La mayoría de personas tienden a pensar que recordarán todo lo que sucedió durante una de estas sesiones. Desafortunadamente, los recuerdos a menudo se disipan con rapidez.

Aprender a dirigir y recordar los sueños es una forma muy efectiva de recuperar recuerdos de vidas anteriores perdidos hace mucho tiempo. Algunas personas encuentran fácil recordar sus existencias anteriores de esta manera, mientras otras necesitan persistir para lograr resultados satisfactorios. Pero el trabajo con sueños es valioso para muchos propósitos además de recuperar vidas pasadas. Puede ayudar al autoentendimiento, vislumbra el futuro, permite recibir presentimientos y advertencias, y nos permite estar en control total de nuestra vida. Julio César era consciente de esto; él cruzó el Rubicón debido a un sueño. Cualquier esfuerzo que hagamos para recordar sueños probará ser valioso.

La experiencia de Joanna

Joanna iba a mis clases en búsqueda de una solución a los perturbadores sueños que estaba teniendo. Ella había estado casada dos veces y tenía cincuenta y dos años de edad. Su primer matrimonio fue desastroso, y su segundo marido había muerto mientras hacía un viaje de pesca varios años atrás.

"Creo que superé muy bien la muerte de Frank", me dijo en nuestro primer encuentro. "Éramos muy unidos, y fue devastador; pero como dicen, el tiempo es un gran curador, y la vida continúa".

Joanna y Frank tenían una pequeña empresa distribuidora, y después de la muerte de su esposo, ella puso todas sus energías en la compañía. Ésta creció y hace un año la vendió por una gran cantidad de dinero.

"Estoy libre para hacer lo que quiero", me dijo. "El único problema es que no tengo idea de qué deseo".

Luego me habló de sus sueños. Durante los anteriores tres meses ella se despertaba a medianoche con una sensación de presión sobre el cuello. "Es como si alguien tratara de estrangularme, y al abrir los ojos veo esa aterrorizante cara morena mirándome fijamente. Sus ojos están llenos de odio y amenaza. Después de eso me levanto, ya que me es imposible dormirme de nuevo".

"¿Reconoce la cara?", pregunté.

Joanna meneó su cabeza. "Es conocida", contestó. "Se me hace muy familiar, pero no puedo reconocerla; es todo un misterio".

Parecía que Joanna estuviera experimentando el recuerdo parcial de una vida pasada. Esta es la clase de información que retornaría involuntariamente si ella hubiera sido estrangulada en una existencia anterior. Las experiencias traumáticas crean un profundo efecto sobre la mente. Por esta razón muchas personas recuerdan morir en una vida anterior.

Le sugerí que tratara de dirigir el sueño en lugar de despertarse. En otras palabras, le aconsejé que lo convirtiera en un sueño lúcido. Aunque ella tenía el mismo sueño cada noche, la experiencia era tan aterradora que necesitó de varias semanas para poder controlarlo. Una vez que tuvo éxito no hallaba la hora de contármelo.

"Hice lo que me sugirió", dijo Joanna. "Me dije a mí misma que estaba soñando y podía avanzar y retroceder en el sueño. Primero retrocedí. El nombre de mi esposo era Gerard, pero era Frank. Teníamos una pequeña granja; la habíamos construido de la nada, y aunque era muy modesta, nos sentíamos orgullosos de ella. Estaba embarazada y pasando un tiempo difícil debido a esto, pero Gerard nunca se quejaba. La vida era difícil, pero sabíamos que todo mejoraría posteriormente".

"Teníamos vecinos a una milla. Millie me gustaba, pero no podía soportar a su esposo Joel. No me gustaba la forma en que me miraba. Podría decir que me desvestía mentalmente".

Gerard y Joel solían ir al pueblo juntos a conseguir provisiones. Esto les tomaba tres días. Recuerdo tener una extraña sensación de culpabilidad una mañana de primavera cuando ellos partieron. Joel estaba casi babeando mientras me miraba fijamente, y yo me alegré al verlos marcharse. Pero luego empecé a preocuparme. Eso no era nada nuevo. Siempre me inquietaba cuando Gerard se encontraba lejos, y ahora con cinco meses de embarazo estaba más preocupada que nunca. Dormí mal la primera noche. La siguiente estaba tan cansada que me dormí rápidamente. De repente me despertó un olor a alcohol. Luego sentí fuertes manos sobre mi cuello. Abrí los ojos y comencé a moverme; Joel estaba sobre mí. Grité y traté de liberarme. Perdí el tiempo gritando, ya que nadie podía oírme, y no me era posible moverme con él sobre mí, con sus manos cogiéndome por todas partes. Me las arreglé para morderlo. Aún puedo sentir el sabor de su sangre. Eso lo hizo enfadar y me golpeó una y otra vez. Finalmente me estranguló".

Joanna sonrió a medias mientras terminaba su historia. "Todo no surgió en una sola noche", explicó ella. "Fue muy horrible, pero trozo por trozo conocí la historia completamente".

"¿Aún está teniendo ese sueño?", le pregunté.

Joanna meneó su cabeza. "Parece haberse ido, pero ahora sé cómo manejarlo. Muevo el sueño hacia el futuro. Veo dos tumbas de madera lado a lado. Gerard y yo".

"¿Qué hay de Joel?"

Joanna movió nuevamente la cabeza. "No sé lo que le sucedió. Algún día lo averiguaré". Se puso a reír. "Lo que sí sé es que Frank y yo estuvimos juntos anteriormente, y lo estaremos de nuevo en el futuro. No tengo duda alguna al respecto".

5

Memoria lejana

Nuestro nacimiento sólo es un sueño y un olvido;
el alma que surge con nosotros, nuestra estrella vital,
ha tenido su origen en otra parte,
y viene de lejos.
No en completo olvido y no en total desnudez
pero arrastrando nubes de gloria venimos
de Dios que es nuestra morada.
William Wordsworth (1770–1850)

Hace más de veinte años un buen amigo me habló de su método para recapturar vidas pasadas. Stephen estaba en sus ochentas y sufría de insomnio. Iba a la cama sintiéndose cansado, pero horas más tarde aún se encontraba dando vueltas, totalmente incapaz de conciliar el sueño.

Para llenar estas horas de insomnio, Stephen empezó a retroceder en su vida, recordando todo lo que podía. Eventualmente, regresó a su temprana infancia en el Este de Londres y se vio haciendo compras con su madre. Encontró que, con la práctica, podía recordar el nombre de todos los almacenes y tiendas de la calle que transitaban. Estaba muy encantado al descubrir que su memoria era casi perfecta y podía fácilmente ver la calle y todos sus locales comerciales con el ojo de su mente.

Una noche trató de retroceder aun más. Se encontró como un bebé que lloraba en brazos de su madre. Ella estaba corriendo, e instintivamente Stephen sabía que lo estaba llevando al hospital. Aparentemente casi muere, y eso hubiera sucedido si su madre no se apresura a llevarlo a un centro asistencial. A pesar de no contar con más de un año de edad, Stephen había tenido una experiencia cercana a la muerte.

"No lo recuerdo conscientemente", me dijo. "Pero cuando regresé mentalmente a esa experiencia, fue bastante fuerte. Casi me muero, y sobreviví gracias a mi madre. De razón mi mamá siempre me llamó el 'niño milagro'".

Stephen estaba fascinado por descubrir que podía recordar eventos que sucedieron cuando tenía sólo un año de edad. Regresó a ese incidente una y otra vez. Finalmente, decidió ver si podía retroceder aun más.

"Tuve una sensación de paz y confort", dijo. "Pensé que tal vez había regresado a la matriz. Pero repentinamente fui adulto y experimenté terror". Los ojos de Stephen se agrandaron mientras me contaba la historia. "Estaba tan abatido que retorné al presente. Mi cama estaba empapada de sudor y mi corazón latía aceleradamente.

A pesar de esta sensación de terror, Stephen se sintió atraído de nuevo por la escena. Una o dos noches después retrocedió a su tiempo en la matriz, y luego, repentinamente, se encontró otra vez como un hombre joven, vestido con harapos y escondido en un pantano mientras hombres y perros lo buscaban.

"Mi boca estaba seca y mi corazón latía a ritmo acelerado. Podía oír los perros acercándose cada vez más, me sentía agotado. Ya había corrido mucho y no podía más. El olor del pantano era penetrante, pero me acosté mientras los perros venían corriendo por la orilla. Estaba seguro de que me encontrarían, sin embargo siguieron de largo, y pronto quedó todo en silencio. Me sentía mal y mi estómago me molestaba, pero permanecí ahí en el pantano hasta que oscureció. Cuando desperté hacía frío y yo estaba mojado y cubierto de lodo.

"No sabía qué hacer. Me dirigí al bosque y me senté bajo un árbol, escuchando los sonidos de la noche mientras el frío lentamente invadía mi cuerpo. Esperé, sabiendo lo que iba a suceder. Creo que sonreí cuando mi espíritu abandonó el cuerpo".

Stephen no había mostrado interés en la reencarnación, y estaba sólo un poco inclinado a la posibilidad de haber vivido antes. Sin embargo, se obsesionó con el joven hombre cuyo último día de vida él recordó tan vívidamente. Ahora iba a la cama expectante, pues cada noche aprendía un poco más acerca de la persona que era en su vida pasada. Llenó cuadernos con todo lo que podía recordar, y planeó escribir un libro sobre su existencia anterior. Un día, Stephen me telefoneó muy emocionado para decirme que había comprado un computador y así podría escribir su libro. Tristemente, murió pocas semanas después, dejando atrás docenas de cuadernos que son casi imposibles de leer.

Stephen gradualmente se convenció que estaba recordando una vida anterior. Encontraba perturbador el concepto de reencarnación, ya que pensaba que "una vez es suficiente para cualquiera". Solíamos tener fascinantes discusiones sobre el tema, y continuamente lo motivé a retroceder aun más y ver cuántas vidas pasadas podía recordar. Stephen nunca lo hizo, pues quedó muy fascinado con la vida que había descubierto.

El experimento de Stephen, destinado originalmente a llenar sus horas de insomnio, me enseñó que podemos recordar mucho más de lo que creemos.

Técnica de la memoria lejana

La memoria lejana es una técnica engañosamente fácil que muchas personas usan para conocer sus vidas pasadas. Aunque la técnica parece simple, requiere práctica alcanzar éxito. Mi amigo Stephen pasó muchos meses recordando incidentes en su vida actual antes de regresar accidentalmente a una vida anterior. Por consiguiente, es buena idea tener varias sesiones para saber qué tanto podemos regresar en esta vida antes de penetrar en otra.

Paso uno —Busque la comodidad

Siéntase cómodo. No importa dónde haga el ejercicio, siempre y cuando se sienta bien. En los meses de verano yo disfruto experimentar con la memoria lejana al aire libre. Por lo general me acuesto en una cama o me siento en una confortable silla. No es relevante el lugar que escoja, pero sí es necesario que no sea interrumpido. Muchas personas prefieren hacer este experimento en cama durante la noche.

Paso dos —Tome respiraciones profundas

Cierre los ojos y tome varias respiraciones profundas y lentas. Respire mientras cuenta hasta cinco silenciosamente, sostenga la respiración durante otro conteo de cinco, y exhale a la cuenta de ocho.

Paso tres —Relájese

Relájese todo lo que pueda. Podría encontrar útil repetirse a sí mismo, "estoy completamente relajado; estoy completamente relajado".

Paso cuatro —Visualice una importante escena del pasado reciente

Visualice un evento importante de su vida que haya sucedido en los últimos años. Las personas ven cosas de diferente forma. Si usted es visual observará el evento con claridad en su mente. Pero es también válido si escucha, siente o percibe la experiencia. Esto significa que usted es una persona auditiva o sinestésica, y experimenta un determinado evento en su forma particular.

Por su intensidad, los olores son una forma muy efectiva de regresar a sus vidas pasadas. Es asombroso cómo diferentes aromas traen recuerdos supremamente poderosos. De los seis sentidos, sólo el olfato va primero al sistema límbico, que es la parte del cerebro que parece estar relacionada con la memoria, las emociones y la autoconservación.

Paso cinco —Visualice una escena anterior

Una vez que tenga claro en su mente el evento importante, libérese de él y retroceda hasta un acontecimiento que sucedió mucho antes en su vida. No importa qué edad tenía cuando esto ocurrió, siempre y cuando retroceda en el tiempo.

Paso seis —Repita el paso cinco varias veces

Cuando haya visualizado el evento exitosamente, déjelo fluir y retroceda aun más. Siga haciendo esto hasta que haya retrocedido lo más lejos que pueda en esta vida. No importa si tiene diez meses, diez o veinte años de edad.

Paso siete —Retroceda todo lo que pueda

Ahora que ha viajado hacia el pasado todo lo que puede, piense en su deseo de regresar a una de sus vidas pasadas y luego vea si puede retroceder aun más. Hay tres posibilidades en este momento: puede retornar a una experiencia más temprana de su actual existencia, encontrarse en una vida pasada, o no sucederá nada en lo absoluto.

Paso ocho —Explore su vida pasada

Si ha regresado a un evento anterior en su actual vida, repita el paso siete las veces que sea necesario hasta que se encuentre en una existencia pasada. Cuando logre esto, familiarícese con la escena en la que se encuentra y explórela. Si no sucede nada y no regresa a una vida pasada o a un evento anterior en su actual existencia, simplemente retorne al presente y repita el ejercicio nuevamente en otra ocasión. Pocas personas tienen éxito en su primer intento, y tal vez usted deba repetir este experimento muchas veces hasta que repentinamente se encuentre en una vida pasada. Por esta razón, es bueno hacer este ejercicio en cama por la noche. Si no regresa a una vida anterior, estará relajado y simplemente puede dormirse. Y si logra retornar a ella, puede explorarla todo lo que desee y luego dormir.

Paso nueve —Regrese a esta vida pasada cada vez que quiera

Cuando haya recuperado recuerdos de su vida anterior, sin importar qué tan fragmentados sean, no tendrá dificultad para regresar a esa vida en el futuro para aprender más. Una vez que la puerta ha sido abierta, podrá retornar tan a menudo como quiera.

En lugar de enfocarse en eventos importantes que han sucedido, puede comenzar con cualquier suceso que le ocurrió el día anterior. Cuando tenga claro esto en su mente, piense en algo que le sucedió la semana pasada. Vea si puede pensar en algo ocurrido una semana antes, luego un mes atrás, y así sucesivamente. La idea es que piense en todos los incidentes que pueda mientras retrocede a través del tiempo.

El método de la memoria lejana suena fácil y lo es para algunos. Sin embargo, he conocido personas que lo practicaron durante meses sin éxito alguno. Lo más importante es relajarse y dejar que todo suceda. La mayoría de personas se frustran cuando los resultados no son inmediatos. Nada que valga la pena sucede sin un gran esfuerzo y trabajo. Lo más probable es que usted tenga éxito si practica este ejercicio de manera casi despreocupada.

La experiencia de Kirsty

Kirsty está promediando sus cuarentas. Ella se casó joven y se divorció teniendo dos hijas cuando tenía veintitrés años. Crió sola a sus hijas y se volvió a casar hace dos años. Actualmente Kirsty dirige la oficina en la empresa de su esposo; es más feliz que nunca.

"Parte de eso se debe a que he descubierto varias de mis vidas pasadas", me dijo. "Saber que esta existencia no es todo lo que hay, fue muy motivante para mí. He podido ver los tiempos en que he progresado y retrocedido. También he localizado varios factores kármicos en los que estoy trabajando".

El método favorito de Kirsty para regresar a una vida anterior es la memoria lejana. "Me gusta esta técnica", explicó. "Atrae mi mente lógica, y parece haber mejorado mi memoria. Sé mucho más de esta vida que antes".

"Siempre hago el ejercicio de memoria lejana en cama por la noche. Estoy muy ocupada el resto del tiempo. Sólo lo hago si no me siento demasiado cansada, porque fácilmente me quedo dormida antes de realizar el procedimiento".

La primera regresión de Kirsty fue una experiencia inolvidable para ella. "Siempre había llamado bastardo a mi primer esposo por arruinar nuestro matrimonio. Si no hubiera sido por su afición a la bebida y las drogas probablemente estaríamos juntos. A medida que el tiempo pasaba empecé a entender lo que esto debe haber sido para él. Él tenía una pequeña empresa que fracasó, y yo estaba tan ocupada con las niñas que no le di el apoyo que necesitaba. Aun así, seguí renegando de él durante años, y me encargué de hacerle difícil ver a las niñas. Lo culpaba por todo, pero, por supuesto, hay dos lados en cada historia. Recientemente descubrí que él nunca me echó la culpa por nada. De hecho, sin importar lo que yo hice, siempre habló bien de mí".

"Bien, cuando regresé por primera vez a una vida pasada, descubrí que yo era un hombre no muy bueno, un jugador que se ganaba la vida con su ingenio. Algunas personas habían tratado de matarme, por eso supongo que hacía trampa para ganar".

"Tenía una esposa que me amaba demasiado. Era hermosa y yo estaba orgulloso de ella. Curiosamente, se trataba de Jeremy [su primer esposo] en la vida actual. Fue por ella que traté de llevar una vida honesta y por el camino correcto. Por supuesto, las cosas no fueron así. Cuando los tiempos se tornaban difíciles, estaba nuevamente estafando a los demás".

"Mi esposa me advirtió varias veces que si seguía haciendo eso me dejaría y se iría a donde sus padres. Finalmente lo hizo. Yo me alejé un par de meses, apostando dinero en barcos-casinos que cruzaban los ríos. Cuando regresé a casa con mis bolsillos llenos de dinero, ella no estaba ahí, sólo había una nota que decía que no podía aguantar más".

"Me dirigí a la casa de su familia, pero no me dijeron dónde se encontraba. Les dije que yo estaba cambiando y les di mi dirección. Prometieron dársela a ella, y no tengo idea si lo hicieron, pues nunca la volví a ver. Fallecí a causa de una pelea de borrachos fuera de un bar. Tenía cuarenta y dos años".

Kirsty estaba visiblemente perturbada después de decirme esto. Luego le pregunté cómo se relacionaba esa vida pasada con la actual.

"Él me dejó en esa vida; yo le dejé en esta".

"¿En cierta manera usted le pagó con la misma moneda por haberla abandonado la última vez?"

Kirsty movió su cabeza. "No lo considero así. Él tuvo que dejarme la última vez, yo era un criminal. Ahora fui yo quien debió abandonarlo, debido a su abuso de alcohol y drogas. Alguien habría muerto si hubiéramos permanecido juntos. Pero, en realidad nos queremos. Tal vez somos almas gemelas en una forma extraña, aunque hasta ahora no hayamos podido hacer que las cosas funcionen. Creo que tendremos otra relación en otra existencia, y espero que sea mejor que antes".

"¿Qué hay de su actual marido?"

Kirsty sonrió. "Es un hombre maravilloso. No podía esperar a alguien mejor; es bueno, comprensivo, considerado y muy amoroso. Sin embargo, no creo que aquí haya un vínculo kármico. Puede parecer raro, pero lo veo como mi recompensa por el buen comportamiento. Él piensa que estoy loca por observar mis vidas pasadas, pero él nunca se burla de eso. No podría tener un mejor esposo".

6

Regresiones a vidas pasadas

Debido a que a veces es tan increíble,
la verdad evita ser conocida.

Heraclitus (540?–460 a.de.C.)

Cuando muchas personas piensan en ser regresadas a una vida anterior, tienen en mente la hipnosis. Desafortunadamente, la palabra *hipnosis* asusta a muchos, pues tienen la idea de que les lavarán el cerebro o perderán el control. Algunos creen que el hipnotista les pedirá hacer algo vergonzoso.

Ninguna de estas cosas es posible. Cuando usted es hipnotizado, está más consciente de lo normal. Sabe exactamente lo que está sucediendo. Por ejemplo, si regresa a una vida en la Corte de Enrique VIII, estaría en Hampton Court, pero al mismo tiempo sería consciente que se encuentra en la oficina del hipnoterapeuta. Si el teléfono suena o un auto toca la bocina, esto no lo interrumpiría o molestaría, ya que está en ambos lugares a la vez.

Usted entra en hipnosis cada vez que sueña despierto. Si alguien le hablara mientras lo hace, tal vez no oiga una sola palabra. Estoy seguro que ha tenido la experiencia de conducir en su carro y luego preguntarse qué se hicieron las últimas cinco millas. Esto es llamado *hipnosis repentina*. Simplemente continuó manejando con "piloto automático" mientras pensaba en otras cosas. Si algo hubiera ocurrido frente a usted, instantáneamente se habría salido de la hipnosis para prestarle atención. Después de todo, estaba conduciendo con seguridad. A todo momento las personas son hipnotizadas por la televisión y pantallas de cine. Yo tiendo a evitar películas tristes, pues me involucro emocionalmente y comienzo a llorar. Esto significa que he sido hipnotizado por la película. Conscientemente, sé que son simplemente imágenes en una pantalla, pero aun así permito ser hipnotizado por ellas.

Entramos y salimos de la hipnosis todo el tiempo. Si la película es emocionante, quedo absorbido por ella. Si luego se torna simple y sin fondo, probablemente saldría de la hipnosis y sería consciente de la silla en la que estoy sentado.

Todos somos diferentes. Podría estar absorto por una determinada película, pero tal vez mi esposa estaría aburrida y deseando que termine. Por consiguiente, me encontraría en un estado de hipnosis, pero ella no.

El hipnotismo no es algo de temer; es simplemente un estado en el que entramos y salimos todo el tiempo. Cuando visite un hipnoterapeuta, él (o ella) simplemente lo guiará a un estado hipnótico, de tal forma que los mensajes apropiados puedan ser introducidos en su mente subconsciente. La hipnosis es muy útil para un amplio rango de problemas, tales como perder peso, controlar el estrés, dejar de fumar, ganar confianza, etc.

Muchos hipnoterapeutas también conducen regresiones a vidas pasadas. Si decide acudir a uno de ellos para experimentar una regresión, escójalo cuidadosamente. No todos los hipnoterapeutas están interesados en el asunto. Además, usted no desearía perder su tiempo teniendo una sesión con alguien que sólo quiere su dinero. Busque uno especializado en regresiones a vidas pasadas.

Cuando las personas acuden a mí para tener una regresión, siempre les digo que verán escenas perturbadoras, como si estuvieran siendo representados en una pantalla de televisión y todo le estuviera sucediendo a alguien más. A pesar de esto, ocasionalmente alguien experimenta verdadero terror. Un hipnoterapeuta experto en conducir regresiones sabrá exactamente qué hacer en este tipo de situación.

Es buena idea que visite un hipnoterapeuta para su primera regresión hipnótica. Esto le permitirá experimentar una vida pasada en un ambiente seguro. Es probable que su hipnoterapeuta sea una persona comprensiva y preparada para discutir después la vida pasada con usted. Sin embargo, tal vez no sea posible que pueda hacer esto. Puede no haber hipnoterapeutas en su área, o quizá no pueda encontrar uno interesado en regresiones. Usted podría hacer el ejercicio solo. Afortunadamente, es sencillo usar técnicas hipnóticas para experimentar vidas pasadas en forma individual.

Regresión hipnótica

Hay cuatro etapas en una regresión hipnótica. La primera y más importante del proceso es poder relajarse completamente. Una vez que esté totalmente relajado, el segundo paso es retroceder en el tiempo a una de sus muchas vidas pasadas. El tercer paso es explorar dicha existencia anterior. Finalmente, usted regresa al presente con todos los recuerdos de lo que hizo en esa vida.

Paso uno —Relajación

Siéntese o acuéstese cómodamente. Asegúrese de usar ropa ligera y que la habitación esté razonablemente cálida. Durante la hipnosis perderá aproximadamente un grado de calor corporal. El proceso no funcionará si está tiritando de frío. Si es necesario podría cubrirse con una cobija.

Algunas personas prefieren escuchar música suave. Yo prefiero el silencio. Sin embargo, la música puede ayudar a eliminar cualquier distracción exterior. Si va a escuchar música, escoja algo que no tenga tonos reconocibles, pues puede terminar tarareando la melodía en lugar de regresar al pasado.

Es importante relajarse lo más posible. Hay varias formas de hacerlo. Tomar respiraciones profundas y exhalar lentamente es un método excelente, especialmente si usted se dice mentalmente que se relaja cada vez que exhala.

Otro método es tensionar y luego liberar cada grupo muscular. Por ejemplo, podría tensionar todos los músculos de su brazo lo más posible, mantenerlos así varios segundos, y luego relajarlos completamente.

El procedimiento que prefiero es trabajar lentamente mi cuerpo, relajando cada área. Comienzo con los dedos de los pies, y cuando llego a la coronilla estoy totalmente relajado. Hago esto concentrándome inicialmente en los dedos de mis pies, y luego relajándolos. Después me enfoco en los pies y los relajo todo lo posible. Luego hago lo mismo con mis tobillos, pantorrillas, rodillas, muslos, abdomen, pecho y hombros, antes de pasar primero a un brazo y luego al otro. Después relajo los músculos de mi cuello y cara. Finalmente, examino todo mi cuerpo para ver si alguna área aún está tensa. Me enfoco en la relajación de esa área, y luego disfruto unos momentos la sensación de total relajación en cada parte de mi cuerpo.

Vivimos en un mundo muy estresante y a menudo no alcanzamos este estado de completa relajación ni siquiera durmiendo. Por tal razón a veces despertamos en la mañana sintiéndonos aún cansados, aunque hayamos dormido el tiempo usual. Este ejercicio de relajación es muy beneficioso y vale la pena practicarlo, aunque no se tenga el deseo de usarlo para explorar vidas pasadas.

Paso dos —Retroceder en el tiempo

Hay muchas formas para retroceder en el tiempo y el espacio para abrir las puertas de una existencia anterior. El método más común es imaginar que uno camina por un largo pasillo con puertas a ambos lados. Detrás de cada una de ellas está una de sus vidas pasadas, y puede detenerse en cualquiera, abrir la puerta, y entrar inmediatamente a una existencia anterior.

Una variación de este método es que se imagine bajando por una hermosa escalera de estrellas hacia una gran habitación, que a su vez está diseñada sólo para usted y su propio confort, y por eso puede amoblarla de la forma que quiera. Se sienta en una cómoda silla en el centro de la habitación y observa las diferentes puertas que hay en ella. Cada una guía a una vida pasada, y usted toma su tiempo para decidir cuál desea explorar. Cuando se sienta listo, se levanta, camina por la habitación, y abre la puerta de su elección.

Otro método es imaginarse salir de su cuerpo físico y flotar a varios cientos de pies en el aire. Cuando esté listo, descienda lentamente y se encontrará en otro tiempo y lugar.

Un procedimiento similar es que se imagine sentado en la canasta de un globo de helio mientras éste se empieza a elevar. Se siente muy cómodo y relajado a medida que asciende cada vez más. Luego observa que cuando se encuentra a doscientos pies de altura, el globo da una ligera sacudida y luego se mueve a través del tiempo y el espacio hacia el pasado, para al final aterrizar y dejarlo en otra vida.

En lugar de dirigirse hacia arriba para preparar la entrada a una vida anterior, algunos prefieren bajar hacia el pasado. Para hacer esto, todo lo que necesita hacer es imaginar un gran tobogán. Hay una manivela en la parte superior. Girándola, usted cambia la vida pasada a la que llegará. Cuando crea que ha puesto la manivela en la dirección correcta, siéntese sobre el tobogán y disfrute deslizarse de regreso a una vida anterior.

Otro método es imaginarse en un pequeño bote que avanza por el río de la vida. Usted puede dirigirlo hacia la orilla cuando lo desee. Dondequiera que decida detenerse, será una ocasión importante en una de sus existencias pasadas.

Un método que muchos de mis pacientes disfrutan es simplemente imaginarse retroceder en el tiempo hasta que algo los detiene. Este será el primer vislumbre del recuerdo de una vida pasada, y usted puede dejar de retroceder cada vez que desee para ver lo que sucede.

Algunos prefieren imaginarse en un ascensor. Presionan el botón para cualquier piso. Cuando el ascensor se detiene, salen directo a una de sus vidas pasadas.

Un hombre que acudió a mí quería regresar a una vida anterior en una cápsula del tiempo. Había tenido una vívida impresión mental de cómo era dicho aparato. Así, cuando se relajó completamente, hice que imaginara que subía a la cápsula, se abrochaba los cinturones de seguridad y cerraba la puerta. Luego conté de diez a uno para que la cápsula partiera. Después él se imaginó que el vehículo retrocedió como un rayo a una de sus vidas pasadas. Una vez que aterrizó, abrió la puerta y entró a una vida anterior. Cuando había llenado su curiosidad con esa existencia anterior, regresó al presente montándose nuevamente en su cápsula y viajando velozmente hasta mi oficina. Este método le funcionó tan bien a él, que desde entonces lo he usado varias veces con diferentes pacientes. También he empleado un túnel del tiempo con otras personas.

Un método que particularmente disfruto es imaginar un hermoso arco iris. No es un arco iris corriente, pues es posible caminar sobre él hacia una vida pasada. Esta imagen evoca alegría, por eso uso el método frecuentemente cuando un paciente está nervioso por lo que va a suceder. El arco iris es siempre agradable a la vista en la vida real, y el solo pensar en él ayuda a que muchas personas se relajen.

A fin de cuentas, no importa el método que use para regresar a una de sus vidas pasadas. Todo lo que necesita es imaginar que retrocede en el tiempo hasta llegar a la existencia deseada.

Lo siguiente es lo que le diría a alguien que está regresando a una vida anterior caminando por un pasillo:

"Imagínese parado en el tope de una hermosa escalera. Es la más bella que ha visto. Puede sentir la suave textura de la lujosa alfombra bajo sus pies. Siente la madera recién pulida de la barandilla, y decide estar listo para bajar la escalera y explorar una de sus muchas vidas pasadas".

"Hay doce peldaños, y mientras usted se apoya de la barandilla y yo cuento de diez a uno, permita que su relajación se duplique con cada paso que dé, de tal forma que cuando llegue al escalón final esté total y absolutamente relajado".

"Diez. Duplique su estado de relajación mientras baja un peldaño".

"Nueve. Duplicando de nuevo su relajación".

"Ocho. Disfrutando esta sensación de calidez, paz y total relajación".

"Siete. Ahora sumergiéndose aun más en absoluta y total relajación".

"Seis. Otro paso hacia este maravilloso estado de paz".

"Cinco. Ahora está a medio camino, disfrutando esta maravillosa y tranquila relajación".

"Cuatro. Más y más relajado".

"Tres. . . dos. . . y uno".

"Ahora sintiéndose completamente relajado mientras sale de la escalera hacia un pasillo, el cual es cálido, bien iluminado y tranquilo. Ahora camina a lo largo de él, observando curiosamente todas las puertas que hay a ambos lados. Detrás de cada una están los recuerdos de una de sus muchas vidas anteriores, y puede detenerse en la puerta que desee".

"Observa más detalladamente algunas de las puertas, pero una parece tener mayor fascinación que las demás para usted. Se detiene frente a ella, y luego levanta la mano para girar la manija. Abre la puerta y entra a una de sus vidas pasadas".

Paso tres —Explore su vida pasada

Al principio la vida anterior a la que acaba de regresar, será confusa y difícil de descifrar. Haga una pausa, tome unas cuantas respiraciones profundas y obtenga un mejor enfoque. Observe sus pies y el calzado que está usando (si tiene). Luego observe su ropa. Vea si es hombre o mujer. Tal vez no obtenga una respuesta a esto inmediatamente, especialmente si es un niño pequeño. Perciba la sensación de su cuerpo. ¿Se siente joven y lleno de vida? ¿Cansado y abatido? ¿Caliente o frío? Esto le dará una indicación de su edad y estado de salud. ¿Se siente contento y feliz en la vida?

Ahora mire alrededor y vea si está o no al aire libre. Observe si alguien más se encuentra con usted y lo que está haciendo.

Ahora que se está familiarizando con su nuevo ambiente, puede retroceder o avanzar en el tiempo en esta vida pasada. Decida qué es lo que quiere experimentar, cuente uno, dos y tres, e instantáneamente será transportado a una nueva escena. Puede explorar cualquier aspecto de su vida pensando en él y contando hasta tres.

Hay varias experiencias que siempre hago que mis pacientes visualicen. Quiero que vean lo que hacían para ganarse la vida, y recuerden al menos una situación con la persona que más amaban en esa existencia. Hago que participen en un momento familiar, o visualicen una tranquila escena con amigos. También me gusta que se vean a sí mismos realizando algo que los hacía sentir orgullosos. Todos estos incidentes ayudan a crear un esquema de la vida de la persona.

La mayoría de individuos quieren saber cómo eran en una vida pasada. Trasládese a una habitación que tenga espejos. Por supuesto, podría estar experimentando una vida en la cual no existían los espejos. En este caso vaya a un charco o río y vea si puede observar su reflejo en el agua.

Lo mismo se aplica si no sabe su nombre en esta vida. Vaya a una escena donde alguien estaba llamándolo e inmediatamente sabrá su nombre.

Tome todo el tiempo que desee para explorar esta anterior existencia. Antes de regresar al presente, visualícese en el último día de la vida que está explorando. Vea lo que está haciendo y quién está con usted. Averigüe si tiene algún remordimiento.

Retroceda y presencie su muerte de forma objetiva si es probable que esto le cause dolor o emoción. Observe el cuerpo físico que acaba de dejar. Esto le dará una idea de la edad que tenía y cómo era su estado de salud cuando murió. Probablemente experimentará una sensación de liberación. Su espíritu estará feliz de finalmente abandonar este cuerpo físico para poder seguir adelante.

Pregúntese a sí mismo qué lecciones tuvo que aprender en esa vida. Averigüe si hay algún karma que está afectando su actual existencia.

Paso cuatro —Regrese al presente

Una vez que haya explorado su vida anterior todo el tiempo deseado, es el momento de regresar al presente. Dígase a sí mismo que recordará todo lo que ocurrió durante la regresión, y que surgirán nuevos recuerdos en su mente consciente durante los próximos días. Luego regrese a su vida actual contando silenciosamente de uno a cinco. Mantenga los ojos cerrados mientras retorna gradualmente al presente. Cuando esté listo, cuente otra vez hasta cinco y abra los ojos.

Las personas regresan en diferentes estados emocionales. Algunos terminan muy alegres, pero otros quedan casi deprimidos. Siéntese tranquilamente unos cuantos minutos y piense en su vida pasada. Dé gracias por su capacidad de descubrir recuerdos perdidos hace mucho tiempo, y agradezca también las bendiciones en su actual existencia.

Ahora que ha descubierto una de sus vidas pasadas, podrá regresar a ella cuando quiera. Todo lo que necesita hacer en el comienzo del paso dos es pedir su retorno a esta vida en particular, e inmediatamente regresará y podrá explorarla más.

Tenga en cuenta que puede usar la misma técnica para explorar otras encarnaciones. Al comienzo del paso dos dígase a sí mismo que regresará a una vida anterior que no ha visitado, y retornará a una existencia diferente.

Consejos útiles

En mi oficina, la mayoría de personas regresa a una vida pasada con poca dificultad. Esto se debe a que acuden a mí con un objetivo específico, y todo lo que necesito hacer es dirigirlos a una existencia anterior y guiarlos a través de ella.

Sin embargo, cuando usted lo haga solo no será tan fácil. Las distracciones exteriores pueden ser un problema, particularmente si son creadas por miembros de su propia familia. Podría sentirse culpable por dejar de hacer sus labores. Es posible que alguien entre a su habitación para ver lo que usted está haciendo.

Si estos inconvenientes persisten, es mejor que suspenda la regresión y se ocupe de ellos. Podría escoger otro momento cuando las distracciones externas sean menos probables. Tal vez encuentre que tarde en la noche o temprano en la mañana es el mejor tiempo para experimentar.

Algunas personas pueden relajarse fácilmente, pero luego se les hace difícil regresar a una vida pasada. Si esto sucede, inserte otro paso entre los dos primeros. Cuando esté relajado, piense en una escena de su más temprana infancia. Visualícela lo más claramente posible. Vea lo que hace, con quién se encuentra, y dónde está. Explore la escena todo lo posible. Esta etapa adicional le permitirá relajarse aun más antes de regresar a una vida pasada.

Si sigue teniendo problemas, hay algo más que puede hacer. Después de visualizar la escena de su primera infancia, piense en un período de la historia que le interese en particular. Mientras piensa en cómo debe haber sido la vida en ese tiempo, podría encontrarse regresando a una existencia anterior espontáneamente. Esta vida puede situarse a miles de años del período de la historia en que estaba pensando, pero eso no importa. Lo que ha hecho es insertar otro paso que lo ayudó a retornar a una vida anterior.

Hay un proceso final que puede hacer si aún tiene inconvenientes. Después de visualizar la escena de la infancia, regrese al presente y pídale a un guía que le ayude y permanezca con usted a lo largo de toda su vida pasada. Este guía puede ser una persona sabia que ya conoce o de la cual ha leído. Puede ser un ángel o un guía espiritual. No importa quién sea. Usted podría ver a esta persona, o tal vez tenga la impresión de que su guía está presente. Pídale ayuda en el viaje que está a punto de emprender. Una vez que haya recibido el permiso de su guía, comience de nuevo el experimento desde el principio. Con la ayuda de su guía, no debería tener dificultad para regresar a una vida anterior. (En el capítulo 15 es mostrado un método para regresar a una vida pasada usando su guía espiritual como acompañante).

A muchas personas les preocupa revivir incidentes dolorosos durante una regresión. Desde luego, para la mayoría de nosotros la vida pasada fue mucho más violenta y peligrosa que en el presente. Por consiguiente, siempre es buena idea que se diga a sí mismo que verá todo de manera separada u objetiva, casi como si le estuviera sucediendo a alguien más. Si surge una situación traumática o difícil, siempre podrá dar un paso atrás y observarla imparcialmente. También puede regresar al presente en cualquier momento contando de uno a cinco.

Algunas personas manejan la regresión de una manera imparcial, pero luego lloran. Esta es una liberación emocional. Deje que tal liberación tome lugar si ocurre. A veces puede ser doloroso liberar traumas del pasado. Muchos llevamos con nosotros gran parte del pasado, y puede ser emocional cuando nos liberamos de él. Simplemente llore todo el tiempo necesario. Es una experiencia sentimental averiguar quién era usted y qué estaba haciendo en una vida anterior, y es entendible que estos sentimientos necesiten ser liberados. No trate de controlarlos o suprimirlos.

Al igual que con los otros métodos en este libro, se requiere la debida práctica. Algunas personas experimentan una regresión en su primer intento, pero otras deben repetir el ejercicio varias veces antes de tener éxito.

En una vida anterior aprenderá solamente lo que sabía la persona que encarnaba su espíritu. De este modo, es posible que no descubra el año en que nació, el nombre del país donde vivió ni del monarca gobernante. Incluso podría no saber el nombre de su aldea, pues tal vez la llamaba "casa". A veces puede obtener conocimiento adicional observando detalles en enciclopedias y libros de historia. Las ilustraciones en estos textos pueden ser muy útiles, pues a menudo muestran objetos que usted vio en su vida pasada pero no se detuvo a identificar.

También puede identificar personas en su existencia anterior que son importantes para usted en esta vida. Alguien que fue su esposa en una vida pasada podría ser su hijo o su madre en esta existencia. Las relaciones y sexos cambian, pero la persona es reconocible instantáneamente. Si esto sucede, notará el sutil cambio en su relación con estas personas en el futuro. Será más comprensivo y condescendiente con ellas. Se dará cuenta que están en su vida actual para ayudarlo a aprender importantes lecciones, y de la misma forma aprenderán de usted. Probablemente sentirá subconscientemente este vínculo kármico, y encontrará muy útil tener prueba de él a partir de sus regresiones a existencias anteriores.

La experiencia de Debbie

Debbie es una estudiante de dieciocho años de edad que quiere ser doctora. Ella acudió a mis clases de desarrollo psíquico junto con su madre, quien era alegre, vistosa y de carácter dominante. No es sorprendente que Debbie apenas dijera una palabra en cualquiera de las clases. Sin embargo, durante la regresión en grupo recibió vagos rastros de una vida en la Roma imperial y quiso explorarla más.

La joven estaba emocionada, pero insegura de si realmente quería saber más acerca de esta vida pasada. Lo discutimos por un rato hasta que estuvo lista para seguir adelante.

Debbie fue un buen sujeto hipnótico, y no tuvo dificultad para regresar a una vida pasada. Sin embargo, no se trataba de la antigua Roma, sino de la Nueva York de comienzos del siglo XX, y ella era una anciana llamada Joan, que vivía en un pequeño apartamento con un gato de nombre Rags.

"¿Ha sido una buena vida?", pregunté.

Joan sacudió la cabeza e hizo muecas. "Tuvo sus momentos", dijo. Su voz sonaba vieja y cansada. A pesar de que no fumaba, su voz era áspera, como si hubiera fumado diariamente un paquete de cigarrillos durante toda su vida.

"¿Cuál fue la mejor época?"

Joan sonrió en reminiscencia. "Cuando tenía diecio-cho años, con Herbie en el Central Park". Tosió y movió su cabeza. "Pobre Herbie".

"¿Quién era Herbie?"

"Un amigo".

"¿Sólo amigo?"

Joan se rió tontamente, y por un segundo parecía tener de nuevo dieciocho años. Luego su cara enveje-ció otra vez.

"Lo amé".

"Bien. ¿Y él la amó?"

"Por supuesto". Joan pareció indignarse.

"¿Se casó con él?"

Joan meneó su cabeza. "No".

Estuve a punto de cambiar el tema porque Joan se veía molesta, cuando agregó "él es judío".

"¿Y eso significa que no pueden casarse?"

Joan dijo que sí con la cabeza. Varias veces parecía estar próxima a decir algo, pero cambiaba de parecer. Finalmente, le pregunté con quién se casó.

"Tommy Pearson".

"¿Lo ama?"

"Él está muerto".

"¿Fue un matrimonio feliz?"

El matrimonio aparentemente no fue ni bueno ni malo. Tuvieron dos hijos, Walter y Edward. Tommy trabajó duro como panadero, y posteriormente tuvo su propio negocio. Nunca hizo mucho dinero, pero fue un buen padre y siempre se las arregló para proveer las necesidades de la vida. Estuvieron casados durante casi cuarenta años y solamente salieron dos veces de vacaciones. En una ocasión fueron a Chicago, y en otra ocasión estuvieron en un lugar cuyo nombre sonaba como Duesbury. Joan se molestó conmigo cuando traté de aclarar el nombre. Ambas vacaciones duraron una semana.

Tommy Pearson murió dos días después de su cumpleaños número sesenta. Su hijo mayor, Walter, se hizo cargo de la panadería; era un buen trabajador pero mal empresario, y por ello el negocio fracasó pocos años después. Esto ocasionó una gran ruptura en la familia, y Edward, quien trabajaba en un banco, se rehusó a tener algo que ver con su hermano.

"En la Navidad veo a uno y luego al otro", dijo Joan. "Nunca juntos. Uno en la mañana, uno en la tarde. Es cruel, pero las familias son crueles".

"¿Volvió a ver a Herbie?", pregunté.

Los ojos de Joan brillaron y sonrió brevemente. "Una vez, en el Central Park. Walter y Edward estaban pequeños, creo que de seis y cuatro años. Era una tarde de domingo, y nos encontrábamos caminando y disfrutando el sol, pues el invierno había sido largo. Un paseo familiar. Miré un banco del parque y ahí estaba Herbie con su brazo encima de una hermosa mujer de cabello largo oscuro. Lucían muy felices los dos. Nuestros ojos se encontraron y yo me ruboricé, y luego nos alejamos. Tommy no notó nada. He pensado en ese día frecuentemente y me he preguntado quién era la hermosa mujer". Joan mordió su labio y parecía pensativa. "Espero que él haya tenido una vida feliz".

Ahora Joan estaba esperando la muerte.

"Mis amigos se han ido, y mi única familia son los muchachos y sus hijos. Los veo ocasionalmente. Me siento junto a la ventana y veo el mundo siguiendo su curso. A veces los días son largos, pero usualmente me quedo dormida en mi silla. El señor Bernstein, mi vecino, cuida de mí. Él va de compras y me cuenta largas historias sobre su infancia; es un buen hombre".

"Ahora quiero que se traslade al último día de la vida que está explorando. Aún no ha fallecido, y verá la escena de forma objetiva, casi como si le estuviera sucediendo a alguien más. No habrá dolor ni emoción. ¿Está usted ahí?"

"Estoy en mi silla, junto a la ventana. Tengo dolor".

"¿Dónde?"

Joan señaló su corazón. "Algo anda mal".

"¿Qué está haciendo?"

"Nada".

"¿Por qué no le pide ayuda al señor Bernstein?"

Joan movió su cabeza impacientemente. "el señor Bernstein está muerto".

"¿Quién más puede ayudar?"

"No quiero ayuda. Estoy lista".

"Está bien. De nuevo, viendo la escena de manera objetiva, quiero que se vea unos pocos momentos después de haber experimentado la muerte física. ¿Puede ver el cuerpo que acaba de abandonar?"

Joan sonrió. "¡Es tan pequeño!"

"¿Hay alguien más ahí?"

Joan negó con la cabeza.

"¿Hay algún karma en esa vida que esté afectando su actual existencia?"

La mayoría de personas tiene que pensar en esta pregunta antes de responderla, pero la respuesta de Debbie fue inmediata. "Siga sus sueños. No deje que otros lo influencien. Busque lo mejor".

La regresé al presente, y después de unos pocos segundos la desperté. Debbie estaba sorprendida con su vida pasada.

"No era lo que esperaba en lo absoluto", dijo ella. "Pensé que era rica y estaría casada con el hombre de mis sueños. Parece que nada fue así".

"¿Así que esta vez se casará por amor?"

Debbie rió. "Esta vez me casaré con Herbie".

"¿Lo reconoció?"

Debbie negó con la cabeza. "No, aún no lo he conocido; pero estamos destinados a estar juntos. Lo conoceré cuando nos encontremos mutuamente".

"¿Es él su alma gemela?"

"Usted sabe, en esa regresión pensé que había conocido a Herbie durante muchas, muchas vidas. Parecíamos ser tan unidos, y sin embargo no se nos permitía estar juntos. Era tan cruel". Movió su cabeza. "Eso no sucederá esta vez".

7

Discernir las vidas pasadas

*Nacer dos veces no es más extraordinario
que nacer una vez.*

Voltaire (1694–1778)

El arte de discernir o adivinar por medio de una bola de cristal es poco practicado en Occidente en tiempos modernos. Hace cien años era popular mirar la bola de cristal, y muchos todavía esperan encontrar una señora sentada junto a una de ellas cuando buscan una lectura psíquica. Los caricaturistas comúnmente muestran a las lectoras psíquicas como gitanas deslumbrantemente vestidas mirando fijamente sus bolas de cristal y expresando palabras profundas como "¡no hay futuro, pero qué buen pasado!"

Se cree que el arte de adivinar por medio de bolas de cristal se originó en Persia. En Egipto se hacía mirando fijamente un charco de tinta o incluso sangre. Los antiguos griegos practicaban la adivinación observando estanques de agua, o un espejo metálico pulido. San Agustín, Plinio y Santo Tomás de Aquino mencionaron este arte en sus escritos. A comienzos del siglo XVI, Paracelso escribió *How to Conjure the Crystal So That All Things May Be Seen in It* (Cómo conjurar el cristal para que todas las cosas puedan ser vistas en él).

Nostradamus (1503–1566), es probablemente el más famoso adivinador de todos los tiempos. La mayoría de sus conocidos cuartetos fueron compuestos después de observar fijamente un tazón metálico lleno de agua. Nostradamus también usó un espejo de mano cuando necesitaba mayores detalles. El célebre John Dee, astrólogo de la reina Isabel I, también utilizaba bolas de cristal y espejos. Curiosamente, él mismo nunca observó la bola de cristal. Un asistente observaba la bola mientras John Dee escribía las visiones.

Afortunadamente, usted no necesita una bola de cristal para discernir sus vidas pasadas. En el Tibet son usadas las piedras negras lisas. En la India, he visto personas mirando un pequeño cuenco de tinta hindú, y también he observado mujeres adivinando al observar la uña del dedo pulgar. En el pasado, eran comúnmente empleados cristales blancos, amarillos, verdes, azules y violetas. Los espejos también cumplen la misma función. De hecho, muchas personas prefieren adivinar con un espejo y no una bola. Todo lo que realmente se requiere es algo en qué enfocarse.

Adivinar con un vaso de agua

Un vaso de agua funciona tan bien como una bola de cristal. Yo colecciono bolas de cristal antiguas. Tengo un ejemplar victoriano en forma de una bola hueca que era llenada con agua. Éste descansa sobre un soporte que oculta el lugar por donde el agua fue insertada. Gradualmente durante los últimos cien años, se ha perdido algo del agua y ahora la bola está sólo tres cuartos llena. Quien haya usado esta particular bola de cristal, realmente estaba adivinando con un vaso de agua sin saberlo.

Paso 1 —Preparación

Use un vaso redondo y transparente, lleno de agua casi hasta el tope. Colóquelo en una posición donde usted puede sentarse y mirarlo fijamente sin tener que levantar o bajar la cabeza. Sus ojos deben estar aproximadamente a tres pies de él.

Paso dos —Observe fijamente el vaso

Tome varias respiraciones profundas y mire el vaso fijamente. Después de unos minutos el agua parecerá volverse lechosa, casi como una fina niebla. Siga observándola, y notará que esta niebla se convertirá en un azul apenas visible. No hay necesidad de concentrarse en el vaso de agua. Sólo mírelo fijamente, pensando en términos generales acerca de su deseo de regresar a una vida pasada. En ocasiones su mente divagará. Esto es normal, y no debe preocuparse al respecto. Una vez que sea consciente de esto, dirija de nuevo sus pensamientos a su objetivo para que aparezca la niebla.

Paso tres —Regrese a su vida pasada

Piense en su propósito de regresar a una de sus vidas pasadas. Poco después verá vagas formas apareciendo en la niebla azulada. Si tiene suerte, podrá presenciar una de sus existencias anteriores revelándose en la pantalla de niebla, casi como si estuviera viéndola en televisión. Sin embargo, esto es improbable a menos que sea experto en visualización.

La mayoría de personas encuentran que sus recuerdos de vidas pasadas aparecen en la mente mientras miran fijamente la arremolinada niebla. Es importante permanecer lo más calmado y relajado posible. Prácticamente todas las personas que conozco han practicado este método y se emocionan cuando empiezan los recuerdos de vidas pasadas. Tan pronto como piensan conscientemente en lo que sucede, los pensamientos desaparecen. Por eso debe permanecer tranquillo y relajado, y mirar fijamente el vaso casi de manera indiferente. Siempre podrá emocionarse después, cuando haya retenido sus recuerdos perdidos.

Paso cuatro —Regrese al presente

El vaso con agua parece saber cuándo usted ha visto lo suficiente. La escena gradualmente se nublará para decirle que la sesión ha terminado. Silenciosamente agradezca la oportunidad de regresar a una vida pasada, tome varias respiraciones profundas, y luego levántese.

Es posible que varias personas miren fijamente el vaso al mismo tiempo, y cada una regresará a una vida pasada válida. Yo estaba un poco escéptico acerca de esto. Había experimentado con transmisión de pensamiento entre dos personas que usaban la misma bola de cristal, y pensaba que de algún modo todos encontrarían las mismas imágenes. Sin embargo, este no es el caso, y si lo desea, usted y sus amigos pueden descubrir sus vidas pasadas al mismo tiempo.

Adivinar con un espejo

Usted puede usar un espejo de la misma forma que un vaso con agua o una bola de cristal. El espejo debe ser de buena calidad y ser mantenido lo más limpio posible. Lo mismo se aplica si está utilizando una bola de cristal: debe conservarse limpia y cubierta con terciopelo negro o azul cuando no está en uso.

Paso uno —Preparación

Siéntese un poco más abajo del espejo, de tal forma que no se mire a sí mismo. De donde está sentado, el espejo no deberá reflejar nada diferente a una pared en blanco. La habitación debe estar semioscura. Yo encuentro útil cerrar las cortinas y usar como iluminación un par de velas, una a cada lado del espejo.

Paso dos —Mire fijamente el espejo

Observe fijamente el espejo exactamente de la misma forma que lo hacía con el vaso de agua. Rato después notará que se forma una fina capa de niebla. Ésta es usualmente más densa que la niebla que rodea una bola de cristal o un vaso con agua.

Paso tres —Regrese a una vida pasada

Siga observando el espejo y permita que regresen los recuerdos de su vida pasada. Puede ver escenas que se revelan en el espejo, o tal vez las sienta en su mente. La mayoría de personas las sienten en lugar de verlas, pero algunas pueden hacer ambas cosas. Comienzan sintiendo las escenas y luego, con la práctica, desarrollan gradualmente la capacidad de observarlas en el espejo. Por esta razón, prefiero un espejo a un vaso con agua o una bola de cristal ya que permite que las imágenes sean mostradas en un área mucho más grande.

Paso cuatro —Regrese al presente

Después de un rato, la escena se nublará y usted no podrá ver más. Esto puede suceder después de uno o dos minutos, mientras en otras ocasiones podrá ver imágenes una hora o más.

Cuando la escena se nuble, tenga en cuenta que la experiencia se acabó por el momento. Es una pérdida de tiempo tratar de regresar a ella en esta sesión. Tome varias respiraciones profundas y dé gracias al espejo antes de retornar a su vida cotidiana.

Cómo hacer un espejo para adivinar

Un verdadero espejo para adivinar es de color negro. Su fabricación es fácil. Todo lo que necesita es el vidrio que cubre la cara de un reloj, que puede comprarlo en un almacén donde reparan relojes o en una tienda de variedades. Escoja uno que tenga aproximadamente cinco pulgadas de diámetro. Limpie bien el vidrio, y luego pinte su lado externo (el convexo) con pintura negra. Cuando esté seco podrá usar su lado interno como un espejo negro. Cuando no lo utilice, mantenga su espejo envuelto en una tela negra.

Escoger una bola de cristal

Las bolas de cristal son muy costosas. Las bolas de vidrio también funcionan eficazmente, y pueden ser compradas en diferentes establecimientos. Aun más baratas son las bolas acrílicas, que están disponibles en muchas tiendas. Sin embargo, estas últimas deben ser tratadas con mucho cuidado pues se rayan fácilmente. He encontrado que funcionan perfectamente hasta que la superficie se raya. Si la cuida bien le será muy útil.

Lo mejor es empezar con un simple vaso con agua o un espejo, negro o claro, antes de invertir dinero en objetos para adivinar. Cuide bien el objeto que utilice. Practique regularmente, y vea lo que llega a su mente consciente. Tome notas de su progreso y de los resultados. Encontrará que entre más practica, más habilidad tendrá. Con el tiempo podrá utilizarlo para otros propósitos, tales como encontrar objetos perdidos y ver el futuro, además de revivir sus anteriores existencias.

Hay varias cosas que puede hacer si tiene dificultades. Espere hasta que vea niebla rodeando la bola. Aparte la vista y cuente hasta diez lentamente. Aún debería poder ver la niebla cuando voltee. Si ésta parece haber desaparecido, espere hasta que regrese e inténtelo otra vez.

Si puede ver la niebla pero nada aparece en ella, aparte la vista y observe un objeto de color vivo en la habitación durante quince segundos. Voltee y vea si puede sobreponer la imagen del objeto sobre la niebla. Una vez que lo logre, recuerde un incidente que sucedió en su pasado y vea si puede plasmarlo en la pantalla de niebla. Cuando pueda hacer esto exitosamente, no tendrá dificultad para visualizar sus vidas pasadas en la bola.

La experiencia de Melvin

Melvin es un empleado bancario de veintitrés años que asistió a mis clases de desarrollo psíquico junto a su novia Alice. Ella era extrovertida, y él tímido y reservado. Su padre había sido reparador de relojes, y Melvin tenía en casa una gran cantidad de vidrios de reloj. Hizo espejos negros para todos en la clase. Sin embargo, sólo experimentó con uno de ellos después que su novia tuvo resultados positivos.

"Fue más fácil de lo que pensaba", nos dijo. "Tenía el vidrio en mi bolsillo y me encontraba en un restaurante. Alice me hablaba constantemente de sus vidas pasadas, así que pensé hacer el intento. Me acerqué a la ventana y miré fijamente el espejo. La niebla empezó tan rápidamente, que cambié posiciones, pensando que se debía a la luz".

"Luego vi una figura cubierta en el espejo. Era un hombre a caballo, y lo observé galopando hacia un claro arbolado. Al final había una enorme casa. El hombre pasó junto a ella hasta las caballerizas, y alguien lo ayudó a desmontarse. Luego una niña pequeña corrió hacia él, diciendo '¡papá!'. Él volteó y una hermosa sonrisa invadió su cara. Se arrodilló y la niña llegó a sus brazos".

Melvin hizo una pausa y miró alrededor a la clase. Sus ojos brillaban. "Él hombre a caballo era yo y mi hija era Alice".

Alice había explorado muchas de sus vidas anteriores, y una de ellas parecía ser la misma que Melvin descubrió. "Era una niña pequeña que usaba un vestido brocado muy vistoso. Estaba en una biblioteca. Todos los libros eran para adultos, pero estaba feliz porque esa era la habitación de papá. Podía sentir su presencia, aunque él no estuviera ahí. Me senté en su escritorio, y luego me paré junto a la ventana para mirar la lluvia. Sabía que pronto regresaría a casa. Me quedé dormida, con mi frente sobre el vidrio. Desperté cuando mamá llegó y me levantó".

"¿Dónde está papá?", pregunté.

"Shh, niña, dijo mi madre. Pronto llegará".

"Me volví a dormir y mamá me puso en la cama. Después, desperté cuando papá entró a la habitación para darme el beso de las buenas noches. Se sentó en la cama y me contó una historia de hadas hasta que me dormí".

"¡Y el papá era yo!", dijo Melvin.

Es usual que dos personas cercanas en esta vida se encuentren en diferentes relaciones mutuas en existencias anteriores. Las personas siempre son reconocibles, aunque cambien los sexos y las relaciones.

Melvin se sintió muy a gusto utilizando el espejo y también hizo las cosas de forma correcta; se relajó y no tuvo grandes expectativas, simplemente permitió que la vida pasada apareciera. Si hubiera estado ansioso o enfocado el ejercicio escépticamente, no habría tenido éxito.

Melvin y Alice aún están juntos. Esto no es sorprendente, ya que hay un fuerte vínculo kármico entre ellos. Creo que son almas gemelas. Han descubierto otras vidas en las que ambos aparecieron, además de otras donde no se encontraron.

Melvin y Alice usan el espejo para recuperar recuerdos de sus existencias anteriores. Él encontró que podía regresar a sus vidas pasadas fácilmente usando otros métodos, pero prefiere el espejo porque es rápido y conveniente. Alice disfruta este espejo más que cualquier otra técnica, pero creo que es debido a que Melvin fue quien le hizo el suyo.

8

Regresión con tictac

Y ya que he perdido mucho tiempo en esta generación,
me gustaría, si Dios me da permiso,
recuperarlo con posteridad.

Sir Francis Bacon (1561–1626)

Los relojes e imágenes de ellos se han usado frecuentemente para ayudar a las personas a regresar a sus vidas pasadas. El constante tictac de un reloj recuerda que el tiempo
está pasando. A menos que seamos conscientes
de ello por alguna razón, el tictac usualmente
no es oído. Cuando este sonido es sentido, las

personas a menudo se sorprenden de lo fuerte que realmente es.

Por accidente me di cuenta de lo útil que es un reloj en regresiones. Reemplacé el reloj de mi oficina con uno que tenía un tictac mucho más fuerte. Se me ocurrió que el sonido que hacía era tranquilizante, y quería saber si las personas lo preferían en lugar de la música que había usado anteriormente cuando ponía en hipnosis a mis pacientes. Como a la mayoría le gustó, dejé de utilizar música y ahora empleo el tictac del reloj como fondo para mi voz mientras realizo la hipnosis.

También experimenté con estos métodos de regresión en mis talleres y clases. Algunos encontraron que es la forma más rápida y fácil de recuperar recuerdos perdidos hace mucho tiempo. Sin embargo, la mayoría los consideró más difíciles que los otros métodos. Los incluyo en este libro para complementación. Vale la pena experimentarlos, ya que son técnicas muy efectivas para algunas personas.

Hay dos formas distintas de regresar a una vida pasada usando el sonido de un reloj.

Tictac del reloj: Primer método
Paso uno —Relájese con el sonido del tictac
El primer paso es relajarse con los ojos cerrados y ubicarse cerca del reloj. Idealmente, no debería haber ningún otro sonido que interfiera su concentración.

Paso dos —Piense en situaciones pasadas

Piense retrospectivamente a través de su vida y recuerde momentos que involucraban un reloj. No importa qué tipo de sucesos son. Podría ser ver el reloj funcionando y marcando lentamente los últimos minutos del día de trabajo. Tal vez visualice una escena en la que está acostado en la cama esperando que la alarma suene.

Recuerdo haberme dejado llevar por el pánico en una biblioteca hace muchos años, cuando el reloj indicó la hora de cerrar y yo no había seleccionado ningún libro para leer. Como adolescente disfrutaba muchas horas felices en la piscina de mi barrio, y nunca podía creer lo rápido que pasaban las horas en el gran reloj que ahí había. Mi padre tuvo una colección de relojes, y tengo muchos recuerdos de despertar en la noche y oírlos marcando la hora, uno tras otro. Siempre encontraba tranquilizantes estos sonidos, y rápidamente me volvía a dormir. Cada vez que hago este ejercicio, esas son las escenas que recuerdo.

Paso tres —Tome varias respiraciones profundas y regrese a una vida pasada

Una vez que haya recordado varios incidentes que involucren relojes, tome varias respiraciones profundas y déjese llevar a través del tiempo y el espacio hasta una experiencia que haya tenido en una vida anterior e involucre el sonido de un reloj. Cuando esté ahí podrá proceder a explorar la vida pasada todo el tiempo que desee.

Paso cuatro —Regrese al presente

Cuando esté listo, regrese al presente en dos formas diferentes. Puede pensar en los incidentes que recordó en esta vida antes de regresar a una existencia anterior, avanzando gradualmente hacia el presente. Alternativamente, puede tomar varias respiraciones profundas, contar silenciosamente de uno a cinco, y luego abrir los ojos.

Tictac del reloj: Segundo método

Paso uno —Mire fijamente la cara del reloj

Siéntese directamente enfrente de un reloj con tictac, de tal forma que pueda observar su cara sin subir, bajar o voltear la cabeza. Mire fijamente el reloj durante cinco minutos.

Paso dos —Cierre los ojos y visualice el reloj

Cierre sus ojos y trate de visualizar en forma clara el reloj en su mente. Si puede verlo en detalle, proceda con el siguiente paso. Si no puede verlo detalladamente, abra los ojos de nuevo y mírelo fijamente durante otros cinco minutos. Repita el procedimiento hasta que pueda visualizar claramente el reloj.

Paso tres —Remueva las manecillas

Cuando pueda ver mentalmente el reloj con claridad, remueva la manecilla de los minutos mientras continúa viendo el resto del reloj. Luego, elimine mentalmente la manecilla de la hora, para que quede observando sólo la cara y el revestimiento.

Paso cuatro —Remueva los números

Mentalmente elimine los números uno por uno. Yo prefiero empezar con el doce y retroceder hasta el número uno. Tal vez usted prefiera eliminarlos en el sentido de las manecillas del reloj, o podría quitarlos sin ningún orden específico. Lo importante es que remueva los números uno por uno. Finalmente, elimine cualquier otra marca sobre la cara del reloj, por ejemplo el nombre del fabricante. Una vez que esté vacía, permita que se disipe lentamente hasta desaparecer. Por último, observe el revestimiento desintegrarse hasta que todo el reloj haya desaparecido.

Paso cinco —Regrese a una vida pasada

Después que el reloj haya desaparecido, tome varias respiraciones y déjese llevar de regreso a otra vida. El propósito de este ejercicio es permitirle alcanzar un estado apropiado de paz y tranquilidad, de tal forma que retornar a una existencia anterior se convierta en algo fácil de lograr.

Paso seis —*Regrese al presente*

Cuando esté listo para regresar a su vida cotidiana, tome cinco respiraciones profundas. Gradualmente sea consciente de su entorno, y luego abra los ojos.

Es improbable que en el primer intento tenga éxito en alguno de estos ejercicios. Sin embargo, con la práctica constante, encontrará cada vez más fácil relajarse hasta el punto necesario para tener éxito en el experimento. Algún día hará el ejercicio y repentinamente se encontrará en una vida pasada. Cuando lo logre por primera vez, podrá hacerlo de nuevo cada vez que quiera.

La experiencia de Carl

Carl es un acaudalado hombre de negocios que se acerca a los sesenta años de edad. Se ha casado y divorciado dos veces, y asistió a mis clases esperando aprender algo referente a su propósito en la vida. Siempre sobresalía en las clases, pues normalmente era el único que usaba un traje de calle. Aunque era una persona amigable, le tomó un tiempo relajarse y mezclarse libremente con los otros alumnos. Posteriormente, me dijo que en su vida de reuniones de negocios había aprendido a expresar muy poco lo que realmente pensaba. Por consiguiente, encontró difícil acoplarse a una clase llena de personas hablando abiertamente acerca de sus experiencias

Carl quedó fascinado con la idea de haber vivido antes. El concepto de reencarnación nunca se le ocurrió antes de venir a mis clases. Leyó todo lo que pudo sobre el tema, y ensayó varios métodos para regresar a una vida anterior por sí solo.

En la noche hicimos una regresión en grupo, y Carl estaba emocionado y nervioso. Recuerdo que aproximadamente tres cuartas partes de la clase regresaron a una vida anterior, pero Carl no fue uno de ellos. Él estaba decepcionado y se consideró un fracaso.

Después de la clase se quedó para hacerme algunas preguntas. Le dije que quizás se había presionado demasiado. Si sólo se hubiera relajado para dejar que todo fluyera naturalmente, podría haber tenido éxito. Él estuvo de acuerdo en que eso pudo haber sucedido, y luego me habló de otros métodos que había ensayado.

"¿Qué otras técnicas puedo practicar en casa?", me preguntó.

Le dije que en pocas semanas estaría haciendo el método del tictac en clase, y que si quería podría practicarlo solo. Él estaba contento por aprender otro método de regresión, y se empezó a sentir un poco más optimista.

Cuando regresó la semana siguiente, estaba radiante de alegría.

"¡Lo hice!", exclamó a todos mientras entraba a clase. "¡Conozco dos de mis vidas pasadas!"

Estaba tan emocionado por su logro, que le pedí que contara su experiencia.

Después de la última lección Carl fue a casa y había leído durante una hora antes de acostarse. No se sentía nada cansado, así que se acostó en la cama y visualizó un reloj en el techo justo sobre su cabeza. Encontró fácil hacer esto. Gradualmente hizo que diferentes partes del reloj desaparecieran hasta desvanecerse totalmente.

"Tomé diez respiraciones profundas", nos dijo. Luego, repentinamente era un niño pequeño sentado frente al fuego en la sala de mi abuela. Ella no estaba conmigo, pero yo sabía que era mi abuelita. Detrás de mí podía oír el tictac del reloj de pared.

"Sabía que yo era quien soy ahora, pero al mismo tiempo era ese niño hace doscientos años. Me encontraba en algún lugar de Europa, probablemente en los Países Bajos, a juzgar por los muebles.

"Podía oír a mi abuela en la cocina cantando una canción mientras preparaba la cena. Era una canción triste, pero yo la consideraba hermosa. Atravesé la cocina y abracé sus faldas. Ella rió y también me abrazó.

"'Mi pequeño regresa a la vida otra vez', dijo, luego recordé todo. Un día estaba afuera con mis padres, y mi papá entró en discusión con alguien. Empezó una pelea y él fue apuñalado, cayó al suelo, y el otro hombre huyó. Mi madre abrazó a mi papá mientras su sangre formaba un charco cada vez más grande sobre los adoquines. Yo permanecí atrás, mirando fijamente, incapaz de hacer algo".

"Finalmente —debe haber pasado rápido, pero pareció una eternidad—, otras personas llegaron a ayudar, pero era demasiado tarde. Mi madre se paró y gimió. Fue un sonido agudo semejante al de un animal salvaje. Me miró, pero sus ojos parecían no reconocerme. Di un paso hacia ella, pero su mirada me hizo detener. Luego di la vuelta y corrí".

"Dos días después me encontraron junto al río. Mi abuela me abrazó. Luego me enteré que mi madre estaba en un asilo, donde murió años después".

"Mi abuelita se convirtió en mi madre, y me idolatraba. Llegué a ser abogado, gracias a su motivación. Ella tuvo una larga vida, y yo la cuidé en su vejez".

Carl miró alrededor del salón sonriendo. "Puedo verlo todo claramente como los veo a ustedes", dijo. "Es lo más extraordinario que me ha sucedido en esta vida".

"¿Fue una vida feliz?", le pregunté. "¿Tuvo esposa e hijos?"

Carl negó con su cabeza. "No; nunca pareció haber una persona especial para mí. Pasaba la mayor parte del tiempo trabajando, pero era feliz, realmente feliz".

"Usted mencionó dos vidas pasadas", dijo uno de los estudiantes.

Carl respondió que sí con la cabeza. "Tiene razón. Lo hice de nuevo la mañana siguiente, cuando desperté, y regresé a la misma vida anterior. Pensé que lo haría otra vez esa noche, pero en lugar de retornar a esa existencia, regresé a una vida mucho más antigua".

"No he tenido pasión por la música, pero en esa vida parece que fui trovador o ministril, algo por el estilo. Debe haber sido en Inglaterra. Viajaba cantando y haciendo reír a las personas, quienes me daban dinero. A veces estaba solo, en otras ocasiones era parte de un grupo. Parece que no tenía casa. En invierno me iba al Sur y Oeste, y esperaba a que el clima fuera de nuevo apropiado para poder empezar una vez más mis viajes".

"En términos generales creo que fue una vida feliz. No fue muy larga. Me resfrié y fallecí bajo un seto, en la mitad de la nada. Estaba lloviendo, casi como una ventisca, y me sentía feliz de dejar atrás esa vida".

Carl me miró. "Tampoco hubo esposa o compañera en esta existencia", dijo. "¿Es por eso que me he divorciado dos veces en mi vida actual?"

Yo negué con mi cabeza. "No, usted debe haber tenido muchas otras vidas. Tendrá que examinarlas para ver si la ausencia de una compañera es un factor común en la mayoría de ellas".

Sin razón aparente había asumido que Carl se sentía feliz viviendo solo. Pero en realidad, estaba buscando desesperadamente una pareja. Sin duda, esa fue una de las razones por las que él asistió a mis clases, pues la mayoría de estudiantes eran mujeres.

Durante las siguientes semanas Carl regresó a muchas vidas pasadas. Curiosamente, sin importar si era hombre o mujer, parecía siempre estar sin pareja.

Finalmente, Carl encontró una vida con una compañera. Parecía estar en Asia central, viviendo en situaciones difíciles. Su esposa parecía estar siempre enferma. A pesar de esto, tuvo un hijo cada año, pero casi todos murieron antes de cumplir tres años.

Carl la trataba con desprecio y tuvo fuertes recuerdos de interminables maltratos en ella. La violaba constantemente y la golpeaba cada vez que llegaba borracho. Esto no era muy frecuente, pues la bebida era un lujo que rara vez podía pagar. Sin embargo, una noche fue demasiado lejos y casi la mata en medio de su borrachera. Luego, cuando se durmió, ella lo golpeó en la cabeza y lo mató.

Carl encontraba difícil entender la situación. "¿Cómo pude haber sido así?", preguntó. "En mis otras vidas fui una persona buena y humanitaria, pero en esa en particular fui una bestia".

Es difícil responder preguntas como esa. Tal vez Carl ha regresado una y otra vez para analizar su maldad en esa existencia. Quizás no ha disfrutado una relación estable desde entonces, debido a la forma en que trató a su esposa.

Después de la lección, Carl me dijo que no había sido un buen esposo en ninguno de sus matrimonios. "El trabajo absorbía la mayor parte de mi tiempo", afirmó. "Definitivamente soy un adicto al trabajo. Además, tuve relaciones amorosas adúlteras durante ambos matrimonios. Creo que soy un aprendiz muy lento".

Carl aún está tratando de encontrar una compañera. Sin embargo, ahora tiene una visión mucho más clara de dónde ha estado en el pasado, y a dónde desea ir en el futuro.

Carl fue la única persona, en esa clase en particular, que tuvo éxito con la técnica del tictac. De hecho, la usó constantemente, ya que no estaba preparado a fracasar de nuevo ensayando otro método. Creo que conscientemente sabía que esto no habría sucedido. Sin embargo, no estaba listo para ponerlo a prueba.

9

Fascinaciones, habilidades e intereses

Los nacimientos nos trajeron riqueza y variedad, y
otros nacimientos nos traerán riqueza y variedad ...
Walt Whitman

Todos tenemos habilidades y talentos innatos. Algunos nacen con capacidades prácticas y son exitosos en ocupaciones donde ponen a prueba su habilidad. Otros llegan al mundo con un ritmo natural para la música; pueden convertirse en cantantes, bailarines o músicos.

Una señora que conozco nació con una habilidad natural para consolar y cuidar a los demás. Se convirtió en enfermera y ahora dirige un hospital geriátrico.

¿De dónde provienen estas habilidades? La herencia puede tener parte en esto, pero con frecuencia hay niños que nacen con una capacidad que parece originarse de la nada. Creo que estas habilidades fueron desarrolladas en vidas anteriores. Esto ayuda a explicar el fenómeno de los niños genio.

Mozart puede haber sido músico en muchas existencias anteriores, antes de nacer otra vez como Wolfgang Amadeus Mozart. A los cuatro años de edad podía tocar el piano muy bien y sólo un año después componía. Mozart nació en una familia musical, y su padre fue compositor, violinista y autor.

Sin embargo, la familia de George Frideric Handel fue todo lo contrario. Ninguno de sus antepasados parecía haber sido músico. Su padre fue un barbero–cirujano que se oponía a los intereses musicales de su hijo y quería que se convirtiera en abogado. Su madre tampoco lo apoyaba; sin embargo, fue el compositor de trabajos tan inmortales como *Water Music Suite* y el *Messiah*. Su extraordinario talento no tenía nada que ver con factores hereditarios.

Sócrates y Platón creían que todo conocimiento era el resultado del recuerdo. Henry Ford estuvo de acuerdo con esto cuando dijo: "genio es experiencia. Algunos parecen pensar que es un don o talento, pero es el fruto de una larga experiencia en muchas vidas. Unas almas son más antiguas que otras, y por eso saben más".[1]

Un ejemplo interesante que aumenta la validez de esta hipótesis, involucra a Sir William Hamilton (1730–1803), quien llegó a ser un eminente diplomático y anticuario. Siendo aún niño, él le escribió una carta al embajador persa. Sin embargo, no la hizo en persa moderno; utilizó una escritura que no había sido usada hace varios siglos.[2] Esta era sólo una de las trece lenguas que podía hablar a la edad de trece años. ¿De dónde obtuvo todo este conocimiento?

La *xenoglosia* es la capacidad de hablar un idioma que no ha sido conscientemente aprendido. Es un fenómeno muy raro, pero se han investigado varios casos. Uno de ellos involucra a Viviane Silvino, quien nació en Sao Paulo en 1963. Aunque el lenguaje hablado en Brasil es el portugués, Viviane empezó a decir frases en italiano. Antes de cumplir dos años, ella llamaba a su hermana *mia sorella* y a su muñeca *bambola*. En una ocasión su madre le dijo a alguien que no conocía a nadie que hablara italiano. Viviane rápidamente dijo, "*lo parlo*", que significa "yo lo hablo". Cuando creció, se hizo aparente el origen del conocimiento que tenía Viviane. Con el tiempo, ella empezó a recordar experiencias de una vida pasada en Roma durante la II Guerra Mundial. Viviane le tenía miedo a los aviones debido a las incursiones aéreas que había experimentado en su existencia anterior.[3]

El famoso actor Glenn Ford pudo hablar fluidamente en francés, cuando fue regresado hipnóticamente a una vida pasada en la corte del rey Luis XIV. En la vida cotidiana sólo podía decir unas pocas frases en dicho idioma, pero cuando fue regresado habló el francés parisiense de finales del siglo XVII.[4]

Si todo conocimiento es realmente recuerdo, usted tiene a su disposición diversos intereses y talentos que puede conocer en sus vidas pasadas. Ya mencioné un paciente que siempre fue hábil con las manos en las vidas que hemos explorado. Él nació con destreza manual y ha sido desarrollada durante muchas encarnaciones. Ahora sus manos pueden hacer casi todo.

¿Qué habilidades tiene usted? ¿Es el miembro de la familia a quien todos acuden cuando las cosas andan mal? ¿Tiene talento para las matemáticas, o interés en un cierto período de la historia? ¿Colecciona cosas? Tal vez un pasatiempo o interés proveerá pistas acerca de sus existencias anteriores.

Un amigo mío que es oficial retirado del ejército, tiene recuerdos de muchas batallas famosas en el pasado, incluyendo la de Hastings. Obviamente, en esta vida una carrera militar era la más lógica elección para él, ya que estaba continuando un trabajo que puede haber empezado hace miles de años. Varios militares famosos han recordado vidas pasadas, incluyendo al general George Patton y el mariscal Lord Dowding, quien escribió un excelente libro sobre reencarnación llamado *Lychgate*. Napoleón Bonaparte creía que había tenido muchas vidas antes, incluyendo unas en las que fue el emperador Carlomagno y Alejandro Magno.

Un joven pariente mío siempre se ha fascinado con todo lo concerniente a Grecia. A una corta edad conocía todas las leyendas y mitos griegos, y continúa aprendiendo lo que puede sobre esta antigua civilización. Cuando tuve la oportunidad de hacerle la regresión, él fue directamente a una vida en Creta hace 2.500 años.

Tal vez usted deba pensar cuidadosamente para determinar los talentos especiales que tiene. La mayoría de personas tienden a subestimarse y a pensar que no tienen capacidades especiales. Pídale a las personas que lo conocen bien que señalen sus atributos particulares. Puede sorprenderse de lo que le digan.

Es interesante ver cómo las habilidades que son empleadas en la vida, se hacen evidentes a una muy temprana edad. Yo siempre quise ser escritor, y tuve un pequeño periódico local que distribuía a mis vecinos cada semana. A una de mis amigas de infancia le gustaba jugar a ser vendedora de almacén. Cuando creció entró a la industria de las ventas y ahora tiene una exitosa cadena de tiendas de ropa. ¿Es posible que haya aprendido las habilidades esenciales para este trabajo en sus vidas pasadas? Piense cuidadosamente en sus intereses de la infancia, ya que puede proveerle pistas claves acerca de sus existencias anteriores.

Piense en sus intereses y gustos. Si cree que será de ayuda, póngalos por escrito. ¿Qué clase de comida le gusta? Por supuesto, si le encanta la pizza y la pasta, no necesariamente significa que tuvo una vida pasada en Italia, pero podría ser una pista. Sin embargo, si encuentra que varios de sus gustos e intereses también se relacionan con Italia, lo más posible es que tuvo al menos una vida en ese país. Esta es la ventaja de poner todo por escrito. De otra manera, podría no notar cómo cierta región geográfica o un período de tiempo se presenta constantemente.

¿Hay algo que siempre quiso hacer, pero nunca ha tenido la oportunidad de lograrlo? Por ejemplo, si siempre deseó tocar piano, puede estar tratando de continuar con algo que inició en una vida anterior. Esto es particularmente probable si tiene una fuerte atracción por la música de piano compuesta en cierto tiempo.

Las aversiones y bloqueos también pueden proveer valiosas pistas. Si usted fue castigado por hacer algo en una vida pasada, podría tener un fuerte deseo de evitar eso al máximo en esta encarnación. Uno de mis pacientes fue torturado y casi asesinado en una existencia pasada, por insistir en que las varas de radiestesia no eran trabajo del demonio. En esta vida se rehusaba a manejar estas varas hasta que el bloqueo fue descubierto y removido. Ahora él es un practicante muy bueno, y así debe ser, pues ha tenido al menos dos vidas experimentando con esta habilidad.

La meditación y los talentos

Paso uno —Piense en sus talentos

Cuando defina cuáles son sus talentos, habilidades e intereses, todo lo que necesita hacer es meditar sobre ellos. Siéntese en algún lugar donde no sea interrumpido, cierre los ojos, y piense en sus talentos específicos. Piense en el placer que tiene al poner en práctica dichas capacidades, en lo que le gustaría hacer en el futuro con estos dones especiales, y en los momentos del pasado en que fue reconocido o apreciado por ellos. Este reconocimiento puede no haber provenido de los demás, sino de usted mismo, como en una ocasión en que supo que había hecho algo realmente bien. Podría sorprenderse de los resultados.

Cuando pienso en la música de esta manera, mi mente me regresa a una ocasión en la que toqué el piano y dirigí el coro en un concierto de la escuela dominical cuando tenía diecisiete años. Había olvidado completamente esa tarde, hasta que hice el ejercicio, y el recuerdo regresó tan claramente como si hubiera sucedido ayer. Durante el concierto era consciente de que estaba haciendo un buen trabajo, y las felicitaciones de los demás reforzaron esos sentimientos positivos. Con el tiempo olvidé esa experiencia. Haciendo este ejercicio, probablemente recuperará recuerdos olvidados.

Paso dos —Piense en viejos recuerdos que involucren su talento o habilidad

Reviva estos recuerdos todo el tiempo que desee. Cada vez que finalice en un recuerdo agradable del pasado, vea si puede regresar al instante previo que utilizó estas habilidades.

Encontrará que cada vez que haga este experimento, más información regresará a usted. Un día, mientras hacía el ejercicio, recordé un momento que involucraba música, el cual ocurrió cuando estaba en primer grado. La Señorita Donald, mi maestra, tenía una variedad de instrumentos musicales en un armario ubicado en el rincón del salón de clases. Yo estaba fascinado con ellos. Un día le pregunté cuándo los tocaríamos. Ella contestó que eso sucedería cuando todos los estudiantes aprendieran a estar en completo silencio durante la clase. Tristemente, esto nunca sucedió, y no pudimos tocar los instrumentos. De nuevo, esta es una situación que había olvidado, aunque fue muy importante en su momento. Estaba desesperado por tocar los instrumentos, pero no se me permitió hacerlo.

Paso tres —*Permita que el talento lo lleve de regreso a una vida pasada*

Una vez que haya localizado los más viejos recuerdos posibles, relacionados con su talento o habilidad, vea si puede retroceder aun más. No se preocupe si al hacer esto nada llega a su mente. Podría tener que repetir el ejercicio muchas veces antes que surja uno de estos antiguos recuerdos. Podría tratarse de un recuerdo de una pasada encarnación, pero también puede ser de su vida actual. Si es así, piense en él, disfrute revivirlo, y luego vea si puede retroceder aun más. Haciendo esto, recordé a mi madre cantándome para que me durmiera cuando era bebé. Se asombrará de los recuerdos que llegan a su mente cuando saque suficiente tiempo para este ejercicio.

Finalmente, no habrá más recuerdos relacionados con su talento en esta vida. Sin embargo, habrá muchos en vidas pasadas que simplemente están esperando ser descubiertos. Permanezca en calma, tranquilo y confiado en que estos recuerdos regresarán a usted. La primera vez que hice esto no vi nada pero oí la música de Haydn y estaba convencido de que yo tocaba un violín en la orquesta. Nunca he tocado ese instrumento en esta vida, pero tenía la seguridad de que eso era lo que hacía. Sesiones repetidas gradualmente aclararon la escena, y me encontré en un hermoso salón, nuevamente tocando la música de Haydn a una pequeña audiencia de unas veinte personas. Estaba feliz, disfrutando la música y siendo parte de una pequeña orquesta de cámara. Todos los miembros de ésta eran mis amigos, y nos sentíamos muy bien tocando juntos. El director era un hombre joven que no conocía, pero obviamente tenía un gran gusto por la música y todos disfrutábamos trabajar con él.

Conozco personas que han hecho este ejercicio una vez, y fácilmente regresaron a una vida pasada, pero a la mayoría se le dificulta mucho más. Con base en mi experiencia, puedo decir que lo más probable es que usted recibirá vagos rastros de una vida pasada, que gradualmente se harán más claros cada vez que repita este ejercicio. Por supuesto, cuando haya descubierto exitosamente un recuerdo, podrá seguir y explorar la vida con todos los detalles que quiera.

Paso cuatro —Regrese al presente

Explore la vida anterior todo el tiempo que desee. Cuando sienta que es el momento de regresar al presente, tome varias respiraciones profundas y sea consciente de en dónde está sentado o acostado. Reafirme que ahora que ha descubierto esta vida pasada podrá retornar a ella otra vez las veces que quiera. Cuando se sienta listo, abra los ojos.

La experiencia de Judelle

Judelle es una maestra de escuela elemental. En su tiempo libre es alfarera. Su trabajo ha ganado varios premios y vende gran parte de lo que produce. Ella quería averiguar si su talento natural con la arcilla era producto de muchas vidas pasadas o se trataba de algo nuevo en su actual existencia.

Un día se sentó bajo el sol afuera de su estudio, cerró los ojos, y retrocedió en el tiempo. Pensó en el momento en que por primera vez ganó un premio, y en lo orgullosa que se sentía. Luego regresó a una ocasión donde su maestra la felicitó por su trabajo. El siguiente recuerdo fue cuando tenía siete años de edad. La familia se encontraba en vacaciones, y Judelle hizo amistad con una mujer, una famosa alfarera local. Esta mujer permitió que Judelle formara arcilla en su rueda, y, viendo el prematuro interés de la niña, la colocó en el horno y terminó una de sus primeras piezas para que la llevara a casa.

Luego Judelle trató de retroceder aun más. Nada vino a su mente. Esperó pacientemente durante varios minutos. Estaba a punto de rendirse cuando sintió una sensación de balanceo y se dio cuenta que estaba sentada en un bote sobre el río Nilo. Miró hacia abajo los remadores trabajando al unísono y supo que era alguien importante. Parecía demasiado esfuerzo pensar en ello, así que se acostó sobre los lujosos cojines y miró imperiosamente a las personas que trabajaban en la orilla del río. Su mente se centró en el hecho de que algunos de ellos estaban cargando arcilla, pero el pensamiento pasó inmediatamente.

El paseo en bote parecía seguir interminablemente, pero llegó el momento en que lo amarraron en un pequeño muelle. Un grupo de personas la estaban esperando. La escoltaron hasta un templo que estaba medio terminado. Cerca a la entrada se detuvo y observó una joven mujer haciendo una copa de arcilla. Ella sabía que el grupo estaba ansioso por entrar, pero estaba encantada por la forma en que la copa era elaborada con terrones de arcilla. Recogió algo de este material y empezó a moldearlo. Era consciente de la consternación que causaba, y esto la estimuló.

El tiempo se detuvo para ella mientras amasaba y moldeaba la arcilla. No se detuvo hasta que su padre apareció en las escaleras del templo, quien se molestó por el comportamiento de su hija y enfadado le señaló al grupo que entrara. De mala gana, Judelle dejó a un lado su pieza de arcilla, y apáticamente bajó las escaleras y entró al templo.

"Todo eso no surgió en una sesión", me dijo Judelle. "Primero tuve pequeñas visiones, luego las imágenes surgieron gradualmente, aunque no siempre cuando estaba pensando en esto". Luego meneó su cabeza. "Es muy extraño, pero esos recuerdos son tan claros y vívidos. Uno no pensaría que son de hace miles de años".

Desde entonces, Judelle ha descubierto varias vidas pasadas, en las cuales ha sido evidente su amor por la alfarería. Sabiendo esto ha aumentado su motivación hasta convertirse en alfarera de tiempo completo y mejorando su trabajo lo más que puede en esta vida.

10

Radiestesia para descubrir vidas pasadas

Estoy seguro de que realmente se vive otra vez,
los vivos surgen de los muertos, y las almas
de los muertos tienen existencia.

Sócrates (469–399 a. de C.)

L a radiestesia es la habilidad de encontrar algo que está oculto, usualmente agua o minerales subterráneos. Sin embargo, esta técnica puede ser usada para localizar cualquier cosa. Por ejemplo, yo la utilizo para encontrar artículos que han perdido mis hijos. Los radiestesistas tradicionalmente usan una vara ahorquillada, pero pueden emplearse varios objetos. Algunas personas pueden hacerlo con las manos, como es el caso de Uri Geller.[1]

La radiestesia es muy antigua. Dentro de las cavernas Tassili–n–Ajjer en el Sureste de Libia, hay pictografías que muestran un grupo de personas observando un hombre que usa una vara ahorquillada. Se estima que estos dibujos fueron hechos hace ocho mil años.[2]

Cualquier persona puede aprender la radiestesia. Sin embargo, algunas personas son naturalmente mejores que otras. Los niños aprenden con facilidad, pero los adultos a veces necesitan poner a un lado la incredulidad para tener éxito al practicar el método. En casos extremos, he encontrado que si un radiestesista exitoso pone su mano sobre uno de los hombros del estudiante, ocurre la respuesta radiestésica. Aunque actualmente no oímos tanto sobre radiestesia como antes, hay radiestesistas en todas partes. Capítulos de la American Society of Dowsers pueden ser encontrados en casi todas partes de los Estados Unidos, y si usted los contacta encontrará muchos entusiastas radiestesistas. Ellos son personas amables que tendrán el gusto de ayudarlo.

Si podemos descubrir radiestésicamente cualquier cosa que esté oculta, sería fácil aplicar esto a nuestras vidas pasadas. La radiestesia puede ser usada sola o en conjunción con otros métodos. Yo a menudo la utilizo junto con la regresión hipnótica para proveer una más clara visión de ciertas existencias anteriores.

Los radiestesistas usan una variedad de implementos. Las varas angulares y el péndulo son los más fáciles de usar cuando se hace radiestesia para vidas pasadas.

Varas angulares

Hay dos formas principales para aplicar la radiestesia en vidas pasadas. El primer método es usar las varas angulares, que son dos pedazos de alambre metálico en forma de L. Los míos son de doce por seis pulgadas. Usted puede comprar varas angulares hechas comercialmente, pero también la puede hacer usando ganchos metálicos. Sosténgalas en sus manos sin apretarlas a la altura del pecho, con las secciones de doce pulgadas mirando hacia adelante y paralelas entre sí. Usted puede hacer preguntas a las varas que sean respondidas con "sí" o "no". Cuando hago esto, mis varas angulares se cruzan entre sí para indicar "sí", y usualmente no se mueven en lo absoluto para responder "no".

Deberá probar sus varas para determinar qué respuesta le darán. Para hacer esto, necesita hacer una serie de preguntas y ver qué respuestas dan ellas. Las siguientes son las preguntas:

"¿Es mi nombre _____?"
"¿Tengo _____ años de edad?"
"¿Vivo en [*dirección*]?"

La primera vez que haga estas preguntas debe suministrar información correcta sobre su nombre, edad y dirección. Las varas angulares deberían responder "sí".

Haga otra vez las mismas preguntas, pero esta vez dé información falsa. Todas las respuestas de las varas deben ser negativas.

Finalmente, haga las preguntas aleatoriamente, dando la información correcta unas veces y falsa en otras. Cuando haya hecho todo lo anterior, debería saber cómo responden sus varas para indicar respuestas positivas y negativas.

Sostener las varas angulares con los puños cerrados toma tiempo y práctica. Deben quedar flojas, de tal forma que puedan moverse para indicar la respuesta. Muchas personas las aprietan mucho, y por consiguiente no reciben respuesta alguna. La solución para este problema es desarmar un par de bolígrafos baratos y colocar las partes cortas de las varas angulares en los cilindros. Ahora podrá apretarlos todo lo que quiera, pero las varas aún podrán moverse libremente dentro del empaque plástico.

Cuando se haya acostumbrado a usar las varas angulares, puede empezar a hacerles preguntas acerca de sus vidas pasadas.

Paso uno —Determinar cuándo vivió antes

Empiece preguntando si nació en el siglo XX en su más reciente vida. Si la respuesta es negativa, haga la misma pregunta con el siglo XIX. Siga retrocediendo a través del tiempo hasta que reciba una respuesta positiva.

Luego pregunte si nació en la primera mitad de ese siglo. Si no es así, pregunte acerca de la segunda mitad. Ya sabe que esta respuesta será positiva, pero no está mal confirmar.

Pregunte acerca de las diferentes décadas, y finalmente si nació en años específicos, hasta que reciba una respuesta positiva. Si lo desea, puede luego determinar su mes y día de nacimiento de la misma forma. La mayoría de veces no hago esto en este paso, sólo después si es probable que me ayude a verificar detalles de esa existencia anterior.

Quizás no desea explorar su más reciente vida pasada. Tal vez quiera examinar una vida que creó un karma que está afectándolo actualmente, o quizá la más reciente existencia que pasó con su presente pareja. Todo lo que necesita hacer es preguntar por lo que quiere y luego seguir el ejercicio hasta que encuentre el período de tiempo en que ocurrió.

Paso dos —Determine dónde vivió

Una vez que tenga su año de nacimiento, puede hacer preguntas acerca del país en que vivió. Siga el alfabeto, preguntando si su país de origen empezaba con una A, B, C, etc. Si tiene el presentimiento de que nació en determinado lugar, puede inmediatamente pedir la confirmación a sus varas angulares.

Paso tres —Determine su nombre

Es fácil determinar su sexo en esta vida pasada. Conocer su nombre es mucho más difícil. Yo usualmente recorro el alfabeto otra vez, preguntando si la primera letra de mi nombre era la A, B, etc.

Paso cuatro —Determine su ocupación

Puede determinar su ocupación de la misma forma que en los anteriores pasos. Sin embargo, yo empiezo preguntando acerca de diferentes tipos de ocupaciones para ahorrar tiempo. Pregunto si estuve involucrado en agricultura, enseñanza, medicina, música, etc., indagando ocupaciones que ya sé que experimenté en otras vidas.

Paso cinco —Personas importantes en su vida pasada

También ahorro tiempo preguntando si personas importantes en mi actual existencia, estuvieron conmigo en esta vida pasada. Las personas por las que indago son mis padres, mi esposa, mis hijos, y varios parientes y amigos cercanos.

Paso seis —Estado civil y familia
Luego hago preguntas acerca de mi estado civil, si tenía o no hijos, si era rico o pobre, sano o enfermo, etc. También averiguo cuándo fallecí.

Conocer una vida pasada de esta manera es un proceso lento sin la inmediación o emoción de una regresión hipnótica. Sin embargo, la radiestesia funciona muy bien con otros métodos, y nos permite conocer toda clase de detalles que podríamos olvidar y no preguntar, o incluso no considerar, en el curso de una regresión hipnótica. Por ejemplo, la radiestesia es excelente para suministrar datos y lugares específicos. Esta es información vital si vamos a desarrollar la regresión con más investigación. Detalles como éstos no siempre surgen en otros tipos de regresiones.

Péndulos
Aunque una vez usé varas angulares, personalmente prefiero usar un péndulo cuando utilizo la radiestesia para explorar vidas pasadas. Hay varias razones para esto. Un péndulo es simplemente una pequeña pesa sujeta a una cadena o hilo. Por consiguiente, es más

conveniente que las varas angulares. Pero, más importante aun, se puede hacer un más amplio rango de preguntas, ya que no estamos limitados a sólo respuestas de "sí" y "no". Esto acelera el proceso.

El más famoso radiestesista de péndulo de todos los tiempos fue Abbé Alexis Mermet, un sacerdote francés, quien usaba su péndulo para diagnosticar y curar enfermedades, y para otros propósitos. Desde su oficina en Saint–Prex, cerca a Ginebra, podía localizar las posiciones de proyectiles que quedaron enterrados sin explotar en suelo francés, después de la I Guerra Mundial. También localizó agua para una escuela en Colombia. Después que el agua fue encontrada exactamente donde él dijo, el director de la escuela le escribió para agradecerle y preguntarle si podía ver si había petróleo o minerales valiosos en la propiedad. En una ocasión, Abbé Mermet localizó una vaca perdida, y pudo decirle al asombrado granjero que el animal había caído a un precipicio de cien metros de profundidad. También dijo que la vaca estaría acostada con las cuatro patas en el aire. Esto resultó ser cierto.[3] Abbé Mermet también fue famoso por encontrar personas perdidas. En mayo de 1935 su trabajo fue reconocido por el Vaticano.

El péndulo puede ser casi cualquier cosa que pueda ser suspendida. Yo he usado un clip sujeto a un pedazo de cuerda cuando no hay nada más disponible. El peso ideal es cercano a tres o cuatro onzas. Si el péndulo es muy pesado, su brazo se cansará rápidamente. Las mejores pesas son las redondas o simétricas. A través de los años he acumulado una gran colección de objetos novedosos que pueden ser usados como péndulos. Mis hijos bromean diciéndome que necesito hallar con la radiestesia el péndulo apropiado para una tarea en particular.

Sostenga la cuerda del péndulo con los dedos índice y pulgar de su mano derecha si es derecho. Si es zurdo, use la mano izquierda. Coloque el codo sobre una mesa, y permita que la pesa se balancee libremente a aproximadamente una pulgada por encima de la superficie de la mesa.

Detenga el movimiento del péndulo con su mano libre. Luego pídale que le indique qué respuesta será para "sí". Hay cuatro posibles movimientos. Podría balancearse hacia atrás y adelante, alejándose de usted y luego regresando. Puede moverse de lado a lado, o tal vez de forma circular, en el sentido de las manecillas del reloj o al contrario.

Una vez que haya determinado la dirección "sí", pídale al péndulo que le indique "no". Aún hay dos direcciones disponibles. Pídale que indique "no sé" y "no quiero responder".

Los movimientos pendulares que reciba para indicar las cuatro respuestas pueden no ser los mismos míos; son únicos para usted. Sin embargo, con el tiempo pueden cambiar. Por consiguiente, es bueno hacer estas preguntas de vez en cuando para asegurar que el péndulo no ha cambiado de parecer.

Cuando haya averiguado los movimientos, confírmelos haciéndole al péndulo las mismas preguntas que le hizo a las varas angulares. Sólo entonces puede comenzar a hacer preguntas sobre sus vidas pasadas.

La experiencia de Denise

Denise acaba de terminar su segundo año en la universidad. Ella va a ser maestra, continuando una tradición familiar, pues sus padres tienen dicha profesión.

Denise acudió a mí antes de la Navidad para hacerse una regresión a vidas pasadas. Fue un excelente sujeto de trabajo, y no tuvo problemas para retornar a una existencia anterior como tutora privada de los hijos de un hombre acaudalado de la Inglaterra victoriana. Sin embargo, a pesar de ser bien educada en esta vida pasada, Denise no podía dar detalles de dónde estaba exactamente la casa solariega en Inglaterra, o para qué familia trabajaba.

Usando un péndulo, descubrimos que trabajó para Sir William Williams y su familia desde 1850 a 1854.

El nombre del caballero parecía bastante inusual, pero el péndulo confirmó que era correcto, y también nos dijo que la casa estaba en Cornwall y había sido construida sólo unos pocos años antes de que Denise llegara a trabajar para la familia.

Cuando Denise finalizó sus estudios, quiso visitar Cornwall para averiguar más. Denise conoció mucho usando su péndulo, pero la mayor parte de esto fue de carácter personal.

Este es un ejemplo de cómo la radiestesia pudo ampliar la información suministrada por una regresión.

11

Meditación con números y el arco iris

El arco iris viene y se va,
y hermosa es la rosa,
la luna brilla con encanto
mira a su alrededor cuando los cielos
están despejados,
las aguas en una noche estrellada
son bellas y limpias;
el sol es un glorioso nacimiento;
pero todavía sé, dondequiera que voy,
que ha fallecido una gloria de la tierra.

William Wordsworth (1770–1850)

Este interesante método para regresar a vidas pasadas puede ser practicado en privado o con un compañero que pueda guiarlo a través de la experiencia. Es una forma muy agradable de descubrir existencias anteriores. Sin embargo, tiene dos desventajas. El método usualmente produce pequeñas visiones de muchas vidas pasadas, en lugar de un panorama detallado de una. Esto hace imposible verificar después los hechos. La otra desventaja es que no se tiene el control de a cuáles vidas se va a regresar.

La meditación con números y el arco iris usa una técnica de relajación progresiva para asegurar que usted esté físicamente relajado. Luego debe imaginar que camina a través de un arco iris grande y hermoso, experimentando las sensaciones de cada color. Muchas personas comienzan obteniendo información de sus vidas pasadas estando aún dentro del arco iris. Una vez que esté en él, debe pensar en números al azar de un sólo dígito —o dos—, y ver qué imágenes regresan a usted.

Por ejemplo, podría pensar en el número ocho. Mientras visualiza este símbolo en su mente, puede aparecer la imagen de una de sus vidas pasadas. Disfrute la experiencia, y luego piense en otro número. Si quiere avanzar en esta encarnación, escoja uno o dos números mayores que el original. Usualmente esto lo llevará a una fecha posterior en la existencia que está explorando. Sin embargo, también puede conducirlo a una encarnación completamente diferente. Si quiere asegurar que experimentará otra vida, piense en un número que esté bien lejos del primero.

Así, en poco tiempo podrá obtener recuerdos de docenas de vidas anteriores. Es improbable que encuentre detalles verificables, pues sólo experimentará breves visiones. No obstante, en esas encarnaciones puede ver personas que son importantes para usted en su vida actual. Tal vez encuentre que siguió carreras similares en muchas existencias anteriores. También puede enterarse del tipo de persona que era en cada una de ellas.

Usualmente empleo este método para descubrir vidas pasadas que no conozco. Cuando las he encontrado de esta manera, puedo explorarlas más detalladamente utilizando uno de los otros métodos. Pienso que esta es una de las técnicas más agradables para regresar a anteriores encarnaciones.

Si lo desea, puede grabar el guión en un cassette y seguirlo. La desventaja de esto es que su voz en la cinta podría forzarlo a avanzar mientras está experimentando una vida pasada particularmente vívida. En la práctica, yo me familiarizo con las ideas básicas del guión y luego lo digo a mí mismo con mis propias palabras. Esto significa que puedo guiarme a mi propio ritmo a través del experimento.

La otra alternativa es hacer este ejercicio con un compañero. Antes de que empiece, acuerde una señal simple, de tal forma que la persona que desarrolla el ejercicio pueda dar instrucciones a quien lee el guión para que avance nuevamente. La señal más fácil es un movimiento del pulgar. Esto no afecta a la persona que está siendo regresada, y le permite a la otra saber lo que pasa.

Meditación con números y el arco iris

Paso uno —Relajación progresiva

Siéntese o acuéstese en una posición cómoda. Asegúrese de que la habitación está razonablemente cálida y no será interrumpido. Podría cubrirse con una cobija, ya que perderá uno o dos grados de temperatura corporal durante esta meditación.

Tome una respiración profunda, y luego cierre los ojos mientras exhala. Sea consciente de su respiración, y déjese relajar más y más con cada respiración que toma. Es una agradable sensación relajarse y dejar que el mundo continúe sin usted por un rato. Cada respiración lo deja más y más relajado, más y más relajado.

Ahora concéntrese en los dedos de sus pies, y deje que se relajen. Cuando sienta que están relajados, permita que la relajación fluya a los pies hasta que estén completamente flojos y relajados. Deje que la agradable relajación llegue a los tobillos, y luego avance gradualmente a las piernas, las pantorrillas, rodillas y muslos. Relájese más y más con cada respiración que toma. Nada debe molestarlo o interrumpirlo mientras continúa relajándose cada vez más profundamente.

Ahora sienta la agradable relajación fluir a su abdomen, y luego al estómago. Toda la parte inferior de su cuerpo está tan relajada, tan floja, suelta, y tan completamente relajada.

Permita que la relajación fluya al pecho y los hombros. Sienta la relajación extendiéndose sobre y dentro de sus hombros, liberando todo estrés y tensión. Cuando sus hombros se sientan completamente relajados, deje que la relajación invada cada brazo hasta las yemas de los dedos.

Enfoque su atención en el cuello, y permita que todos los músculos de esta área se relajen. Sienta cómo la relajación fluye uniformemente a la cara, y luego avanza hasta la coronilla. Deje que se relajen los músculos alrededor de sus ojos.

Tome una respiración profunda y exhale lentamente. Ahora se siente totalmente relajado, desde la coronilla hasta las yemas de los dedos de sus pies, y cada respiración que toma le permite profundizar aun más en este agradable estado de total relajación y tranquilidad.

Ahora examine mentalmente su cuerpo, y vea si cada área está tan relajada como desearía. Enfóquese en los lugares que aún se sientan tensos y permita que los músculos se relajen, hasta que finalmente esté total y absolutamente suelto, flojo y relajado.

Paso dos —A través del arco iris

En este agradable estado de total relajación, visualícese en el campo abierto. Está caminando por un bosque de exuberante y fresca hierba. Es un día maravilloso, y el cielo está radiantemente azul con sólo unas pocas nubes vellosas en lo alto.

Frente a usted está un magnífico y perfecto arco iris. Se siente emocionado porque nunca antes ha estado a los pies de un arco iris. Huele fresco y limpio, y los colores son más vibrantes que cualquier cosa que haya experimentado antes.

Camina hacia él hasta encontrarse tan cerca que puede tocarlo. Cuando mira arriba, el arco iris parece ir directo al cielo. Usted lo toca, y su mano se introduce en el área roja. En su mano siente un ligero hormigueo, y se da cuenta que el rojo está haciendo que ella y el brazo se relajen aun más.

Se siente tan bien, que usted decide entrar al arco iris. Cuando mira alrededor, todo lo que encuentra es rojo. Hay rojo al frente y detrás de usted, en cada lado, encima y abajo. Está totalmente bañado y rodeado por este maravilloso rojo.

Se siente tan puro, tan tranquilo, tan reconfortan-
te. Todo lo que puede pensar es rojo, rojo, rojo. . .

Haga una pausa de sesenta segundos. Muchas personas experimentan espontáneamente una vida pasada
en este momento. Si eso le sucede, disfrútela todo el
tiempo que quiera, y luego continúe con la meditación.
Si no regresa a una existencia anterior, espere sesenta
segundos, y luego siga.

Ahora siente que debe seguir, así que da unos pa-
sos adelante, y ha entrado al área naranja. El rojo se
sentía tan reconfortante y relajante, pero eso no es
nada en comparación de la completa tranquilidad y
paz del naranja. Siente el suave naranja penetrando
cada célula de su cuerpo. Se encuentra totalmente
rodeado por este color, y también es parte de él por-
que está dentro de cada célula de su cuerpo. Usted
no es más que puro naranja, naranja, naranja. . .

Haga una pausa de sesenta segundos, y vea si recibe
recuerdos de sus vidas pasadas. Si eso pasa, disfrútelos
todo el tiempo que desee, y continúe. Si no aparece nada, siga con el ejercicio después de sesenta segundos.

El deseo de explorar más llega a su conciencia, y usted da unos pasos hasta entrar a la sección amarilla. Está familiarizado con el amarillo, pero nunca ha experimentado un color tan perfecto y sereno como éste. Siente como si quisiera disfrutar ser bañado por su energía para siempre, ya que es tan pacífica, tranquila y perfecta. Rodeado por puro amarillo, amarillo, amarillo...

Haga una pausa de sesenta segundos y vea lo que sucede. Cuando esté listo, continúe con la meditación.

Y ahora está listo para entrar al color verde. La vibrante y curativa energía del verde casi lo deja sin aliento. Se siente restaurado y vigorizado en cada poro de su ser. Relájese y permita que este color penetre cada célula de su cuerpo. Oh, este hermoso verde, verde, verde...

Haga una pausa de sesenta segundos, y continúe cuando esté listo.

Dando unos pocos pasos está completamente rodeado por azul. Antes ha visto hermosos azules, pero nada comparado con esa majestuosidad. Mira alrededor, encantado por la maravilla de este magnífico azul, azul, azul...

De nuevo, haga una pausa de sesenta segundos.

Y ahora está entrando en las energías curativas del índigo. Se siente mejor que nunca antes, y está disfrutando las sensaciones de profunda paz y alegría, mientras mira a su alrededor el maravilloso índigo, índigo, índigo. . .

Haga otra pausa de sesenta segundos.

Sólo queda un color por visitar. Usted está ansioso por avanzar al violeta, pero conserva todas las sensaciones que percibió mientras experimentaba las maravillosas cualidades de los otros colores.

Y ahora es el momento de avanzar. Un paso, dos pasos, y tres. Ahora está rodeado por las cualidades espirituales del violeta. Lo siente penetrando en su cuerpo, restaurando su cuerpo, mente y alma. Siente como si pudiera permanecer dentro del violeta para siempre, disfrutando su calmante ternura y el hermoso despertar de su centro espiritual. Hay algo indescriptible en el violeta, violeta, violeta. . .

Haga nuevamente una pausa de sesenta segundos. En esta etapa ya puede haber experimentado varias vidas pasadas; sin embargo, es posible que no haya descubierto ninguna. Esto no importa, pues la siguiente etapa está diseñada para recuperar sus recuerdos de anteriores encarnaciones que han sido olvidados hace mucho tiempo.

Paso tres —Vida pasada después de una vida pasada

Es el momento de dejar atrás el arco iris. Usted está renuente a salir, pero sabe que la meditación que ha hecho es sólo el abrebocas de lo que está por venir. Ahora sale del arco iris, y regresa a la exuberante hierba del campo. Encuentra un agradable sitio para acostarse, toma una respiración larga y profunda, y la exhala lentamente.

Ahora está totalmente relajado en cada nervio, fibra y célula de su ser. Ha experimentado las maravillosas energías de cada color del arco iris, y ahora está listo para regresar a una de sus vidas pasadas.

Sin considerar el asunto primero, simplemente piense en un número, cualquier número. Mientras lo hace, regresarán recuerdos a su mente, recuerdos de una de sus muchas vidas pasadas.

De aquí en adelante, puede avanzar de la forma que desee. Si el primer número en que piensa lo lleva de regreso a una interesante vida pasada, explórela todo el tiempo que quiera. Puede avanzar o retroceder en esta vida pensando en números cercanos al original. Una vez que haya obtenido lo que quiere de esta encarnación, puede escoger otro número para ver qué surge en su mente. Puede hacer esto el tiempo que desee, retornando finalmente al presente cuando se sienta listo.

Paso cuatro —De regreso al presente

Y ahora es el momento de salir de estas experiencias y regresar al presente. Los recuerdos no se perderán, los recordará cuando retorne a su vida cotidiana. También podrá explorarlos más detalladamente cada vez que quiera.

Así, ahora está regresando al presente avanzando en espacio y tiempo hasta llegar a donde estaba al comienzo. En el ojo de su mente, véase dentro de la habitación en que se encuentra. Visualice el panorama, los muebles, y sea consciente de cualquier sonido fuera de la habitación.

Y ahora, a la cuenta de cinco, abrirá sus ojos sintiéndose fresco, vigorizado, y con pleno recuerdo de todo lo que sucedió durante esta regresión.

Uno, regresando ahora, sintiéndose feliz y lleno de energía.

Dos, sintiéndose maravillosamente, perfecto en todos los aspectos.

Tres, sintiéndose como si hubiera tenido un maravilloso sueño nocturno.

Cuatro, listo para enfrentar el mundo otra vez.

Y cinco, abriendo los ojos, lleno de energía y sintiéndose grande.

Si está haciendo este experimento en cama por la noche, no deseará despertarse al final. En este caso, después de regresar al presente, dígase a sí mismo que caerá dormido rápidamente, para seguir así toda la noche, hasta que sea el momento de despertar en la mañana.

Yo prefiero no hacer este experimento en cama, pues me relajo tanto, que usualmente me quedo dormido antes de haber atravesado el arco iris. Cuando me duermo de esta manera, he observado que experimento sueños vívidos. Sin embargo, por lo general no están relacionados con anteriores encarnaciones.

A veces descubrirá docenas de vidas pasadas en un corto espacio de tiempo. Cuando uso este método, pongo por escrito todo lo que puedo recordar, lo más pronto posible después de conducir el experimento. Puedo ignorar algunas de las vidas que no me interesaron mucho, pero siempre tomo notas detalladas de las otras mientras los incidentes estén aún frescos en mi mente.

La experiencia de Jeremy

Jeremy es un programador de computadoras de veintiséis años de edad. Adora las matemáticas y asistió a mis clases después de leer *Numerology Magic*, un libro sobre yantras mágicos. Estaba intrigado al enterarse de que había más en los números de lo que él pensaba.

Inicialmente encontró difícil relajarse. Cuando pudo atravesar el arco iris, aún no estaba totalmente relajado y se detuvo en ese punto. La segunda vez desarrolló el proceso de relajación dos veces, antes de entrar al arco iris. Esta vez sintió los colores mucho más vívidamente que antes, y avanzó a la siguiente etapa.

El primer número que escogió fue el siete. Esto se debió a que previamente había discutido en clase el significado espiritual del número. Nada llegó a él, y abrió los ojos.

Hizo un tercer intento días después. Mientras estaba atravesando el arco iris, tuvo una visión de sí mismo impulsando una canoa que parecía estar en un canal. Nunca había hecho eso en la vida real, y estaba tan sorprendido que casi abrió los ojos. Afortunadamente continuó, esta vez con mucha más confianza que antes.

Cuando era el momento de pensar en un número, de nuevo eligió el siete. Yo le habría sugerido que comenzara con uno diferente, pero obviamente el número siete ejerció un impacto especial en su mente. Esta vez tuvo una vaga impresión de una escena familiar. Era en algún lugar del Sureste asiático; un hombre, una mujer y dos niños sentados en un cobertizo de bambú. De algún modo él se dio cuenta que era la mujer en la escena.

No surgió más información, así que pensó en el número ocho, creyendo que podría llevarlo a otra escena en la misma vida. Esta vez se encontró debajo de una cama mientras una pareja hacía el amor sobre ella. Se horrorizó al pensar que podía haber estado teniendo una relación amorosa con la mujer, y repentinamente se dio cuenta que ninguno de ellos sabía que él estaba ahí. Era un ladrón.

Quiso alejarse de esa vida lo más pronto posible, así que pensó en el número ochenta y siete. Instantáneamente fue transportado a una oficina en tiempos victorianos. Estaba sentado en un taburete alto y examinaba cifras en un libro de cuentas.

"Quiero una vida lejos de las matemáticas", pensó, y sin considerar otro número, se encontró como un actor de la época romana. Desafortunadamente, a la audiencia no le gustaba el personaje que estaba interpretando, y era abucheado cada vez que aparecía en el escenario. "Traté de explicar que sólo estaba actuando", me dijo Jeremy, "pero me protestaban cada vez más". Rápidamente pensó en otro número.

Esta vez era un campesino en algún lugar en Asia central. "La tierra era plana y se extendía interminablemente en todas las direcciones. Hacía frío la mayor parte del tiempo, y la única diversión que teníamos era emborracharnos".

Jeremy pensó en otro número y se encontró en el Londres georgiano. Su hijo en esa encarnación era su padre en la vida actual, pero no pudo identificar a nadie más. "No teníamos nada en común", dijo. "Es triste, ya que en esta vida tampoco concordamos en nada". Jeremy exploró más detalladamente esa existencia, pues obviamente había un factor kármico entre él y su padre, y luego regresó al presente.

A pesar de las tristezas de algunas de las vidas, Jeremy estaba fascinado. "No puedo recordar haberme divertido tanto a solas", me dijo.

12

Meditación imaginativa

*Nuestros actos vienen con nosotros desde lejos, y lo
que hemos sido nos hace lo que somos.*

George Eliot (1818–1880)

Este método fue muy útil en mis clases, particularmente para personas que no podían regresar usando cualquier otra técnica. Para mi sorpresa, muchos de ellos empezaron con una escena imaginaria, pero luego siguieron con una vida pasada real.

No estoy seguro cual fue la razón. Tal vez estas personas tenían un miedo subconsciente de dejarse ir y regresar a una vida pasada. Una vez que descubrieron lo agradable que era el proceso, perdieron este temor, y pudieron fácilmente regresar a una existencia anterior. Tal vez la experiencia imaginaria les hizo recordar ciertos incidentes que revivieron recuerdos de vidas anteriores.

Las razones no importan. Lo importante es que la meditación imaginativa funciona muy bien, y permite que muchas personas descubran sus vidas pasadas.

Meditación imaginativa

Paso uno —El tiempo y el lugar

Piense en los períodos de la historia que le interesan en particular. Podría ser la época de la revolución francesa. Tal vez le fascine la Roma imperial. Quizá una vida en la Atlántida. Algunas personas escogen deliberadamente un tiempo emocionante, mientras otras prefieren un período de paz.

Podría elegir el tiempo y lugar en el que vivió un héroe en particular. Si está interesado en el drama, puede pensar en el Londres en que vivió y trabajó William Shakespeare. Podría decidir vivir en la Europa de Nostradamus, o estar en la pequeña embarcación en la que

Cristóbal Colón cruzó el Atlántico. No marca una diferencia el tiempo o lugar que prefiera, siempre y cuando sea de su agrado.

El tiempo y el lugar puede no tener relación con sus vidas pasadas. Simplemente es un punto de partida para la meditación. Sin embargo, es sorprendente observar que a menudo las personas eligen un tiempo que les interesa, y luego se encuentran experimentando una vida pasada en ese período. Sin duda, esto explica por qué se interesaron en esa particular época de la historia.

Paso dos —Relajación progresiva

Escoja una hora en la que no sea interrumpido. Busque la mayor comodidad posible y luego desarrolle una relajación progresiva para asegurar que esté completamente relajado. Podría hacer las primeras dos etapas de la meditación del arco iris presentada en el capítulo 11. Si ha aprendido a meditar, podría empezar con una meditación. Alternativamente, puede decidir primero tensionar y luego relajar todos los músculos de su cuerpo, comenzando con los dedos de los pies, y trabajando gradualmente el resto. No importa el método que use, siempre y cuando se sienta totalmente relajado al desarrollarlo.

Paso tres —Vida pasada imaginaria

Cuando esté relajado por completo, inhale profundamente y exhale lentamente. Dígase a sí mismo que va a retroceder en tiempo y espacio hasta el período que decidió en el paso uno.

Cuando esté ahí, visualice la escena lo más claro posible. Las personas experimentan cosas de diferente forma. No debe preocuparse si no la ve con la claridad que desearía. Algunos la ven tan clara que jurarían haber estado dentro de la escena. Otros observan muy poco, pero la experimentan de manera diferente. Pueden sentir lo que sucede, o estar conscientes de todos los sonidos y olores.

Cuando esté familiarizado con la escena en que se encuentra, puede retroceder o avanzar a través del tiempo. Podría verse en casa, en el trabajo o jugando.

No hay necesidad de apresurarse. Pase varios minutos explorando el período de la historia que escogió. Encontrará una fascinante experiencia, y sentirá como si realmente estuviera viviendo en ese tiempo y lugar.

Paso cuatro —Regrese a una vida pasada válida

El paso tres sirve para dos propósitos. Primero, le permite experimentar visiones, sonidos, sabores y otras vivencias en un período de la historia. En otras palabras, es lo mismo que una vida pasada real. Esto lo alista para las experiencias de existencias anteriores verídicas que se presentarán. Segundo, le permite relajarse aun más.

Tome otra respiración profunda y exhale lentamente. Con los ojos cerrados, visualícese como está, sentado o acostado. En el ojo de su mente vea la escena tan claramente como pueda.

Cuando pueda verse en su imaginación, visualice un montón de niebla que poco a poco lo invade hasta envolverlo completamente. Espere hasta que la escena en su mente sea una masa arremolinada de niebla y usted no pueda verse más.

Tome una respiración profunda y exhale tan lentamente como pueda, permitiendo que la niebla se aleje poco a poco. Cuando ésta desaparezca, ya no se verá sentado o acostado; en lugar de eso, estará dentro de una escena de una de sus vidas pasadas.

Espere uno o dos minutos para que se familiarice con la escena en la que se encuentra. Experiméntela de todas las formas que pueda. Mire alrededor y siéntala, huélala, e incluso pruébela. Cuando esté listo, retroceda o avance en esta vida pasada, y explórela tan detalladamente como desee.

Recuerde visitar escenas que revelen a quién más amó en esa encarnación, qué hacía para ganarse la vida, en qué empleaba su tiempo, cuáles lecciones necesitaban ser aprendidas, y qué karma fue creado y pagado.

Algunas escenas serán felices, mientras otras podrían ser neutrales o dolorosas. Puede retroceder de las dolorosas y verlas desde lejos. Si lo desea puede alejarse por completo, pero es mejor conocer los aspectos malos de sus vidas anteriores, además de los buenos.

Paso cinco —Regrese al presente

Cuando haya aprendido todo lo que necesita saber de esta sesión, regrese al presente contando en silencio de uno a cinco. Permanezca quieto con los ojos cerrados por un minuto, y luego cuente de nuevo hasta cinco y abra los ojos.

Ahora que ha experimentado una vida pasada válida, podrá regresar a ella cuando lo desee. Sin embargo, eso puede no ser necesario. Ahora que han sido descubiertos, los recuerdos fluirán a su mente consciente durante los siguientes días.

Si no ha podido regresar a sus vidas pasadas usando los otros métodos, encontrará que esto dejará de ser un problema ahora que ha tenido éxito con el procedimiento anterior. Algunas personas prefieren continuar con esta técnica, pero otras prefieren explorar sus existencias anteriores de formas diferentes. Yo prefiero experimentar con varias técnicas, pero no es necesario. Todo lo que necesita es un método que funcione para usted.

La experiencia de María

María es una fisioterapeuta de veintiocho años. Ella quiere escribir novelas de amor, y una vez que dominó la técnica de meditación imaginativa, empezó a usar las primeras dos etapas para ayudar a crear sus historias.

"Probablemente estaba demasiado ansiosa por regresar a mis vidas pasadas", me dijo. "Había leído acerca de Joan Grant, y que sus novelas eran recuerdos de sus anteriores encarnaciones, y pensé que me gustaría hacer lo mismo. Estaba ansiosa y tensa, y eso quizás me hizo imposible regresar usando las otras técnicas. Este método era apropiado para mí. Estaba acostumbrada a imaginar escenas para mis escritos, y cuando usted me pidió que escogiera un tiempo y lugar, no tuve que pensarlo dos veces. Sabía que quería regresar a la Inglaterra Regente".

"Bien, todo era tan claro para mí en la mente. Había investigado ese período, por supuesto, y por ello me puse nerviosa. Empecé a imaginar escenas —una fiesta en una exclusiva casa en Londres, haciendo compras en Burlington Arcade, cosas como esas—. Pensé que la claridad se debía a que ya había leído mucho sobre eso. Luego averigüe que las escenas siempre eran claras para mí. También fue fácil imaginarme rodeada por niebla".

"Creía que no iba a suceder, cuando la niebla empezó a alejarse. No vi nada en lo absoluto, pero podía sentir movimiento. Y después me di cuenta que estaba nadando y tenía los ojos cerrados. Luego el agua comenzó a enfriarse, abrí los ojos y me dirigí a la orilla. La playa era rocosa y ya casi oscurecía. No había nadie más allí. Sabía dónde estaba mi ropa y mi toalla, así que las encontré y empecé a secarme. Ahí fue donde me di cuenta que estaba desnuda. Repentinamente me sentí vulnerable y temerosa. Cogí la ropa y me vestí rápidamente para dirigirme a casa. Sabía exactamente a dónde ir, y una vez que empecé a caminar me sentí segura nuevamente. Nosotros —mi padre y yo— vivíamos en una casita de campo con techo de paja. Podía ver y oler el humo saliendo de la chimenea mientras me acercaba".

"Olí un estofado cocinándose cuando abrí la puerta, y recordé que papá había cazado un conejo en la mañana. La cena estaba lista, y mi padre sonrió cuando yo entré. No era mi papá en esta vida. No sé quién era, pero sabía que lo amaba. Él me cuidaba y se preocupaba por mí a todo momento. No quería separarse de mí, pero yo tenía que marcharme, ya que estaba a punto de casarme".

María rió. "Mi prometido es mi hermano menor en esta vida. Siempre he sido muy cercana a él, y ahora sé por qué. Es la única persona de mi existencia actual que pude identificar en esa encarnación".

"Quería casarme para alejarme de esta pequeña aldea y de la vida campestre. ¡Qué esperanza! Yo era inculta, analfabeta, al igual que Sean, quien en realidad era William. Trabajaba como peón de granja; él me prometió la luna, pero no había forma de que pudiéramos mejorar".

"Tuvimos una bonita boda. Todo el mundo estuvo ahí. No hubo luna de miel, por supuesto. Pasamos nuestra primera noche en una choza detrás de nuestra casa. Estaba destinada a ser sólo para una noche, pero pasaron años antes de podernos mudar. Tuvimos tres hijos".

"Fue una buena vida, feliz, pero estropeada porque yo nunca estaba satisfecha; siempre quería más. Sean —William— hacía lo mejor que podía, pero siempre estábamos escasos de dinero. Nunca fui a ningún lugar. Estaba vieja cuando fallecí, y nunca había estado a más de dos millas en cualquier dirección".

"¿Estaba llena de remordimientos cuando murió?"

María dijo que sí con la cabeza. "Tenía tantos remordimientos: nunca había estado en otra parte, no vi a mi padre por un tiempo antes de su muerte, no les di a mis hijos un mejor comienzo. Pero mi mayor pena era haber hecho tan miserable la vida de William. Sin importar lo que él hacía por mí, nunca era suficiente; quería más, más, más. Prometió llevarme a Londres, pero obviamente no fuimos. Siempre le reprochaba eso. Posteriormente murió, y no pude pedirle perdón. Le hice daño a Sean. Creo que estoy tratando de compensar lo que le hice entonces".

"¿Esta vida fue en el período de Regente?"

María rió. "¿Qué irónico no? Sí, estaba viva en el tiempo apropiado, pero mi vida era completamente diferente a la de la gente rica y bella en Londres —las personas de las que quiero escribir—".

María regresó a esta encarnación varias veces y descubrió mucha información. Ahora planea escribir una novela basada en ella.

"Los recuerdos son tan vívidos, que podían ser de ayer. De hecho, son tan fuertes como los recuerdos que tengo de la vida actual. Voy a escribir una novela de amor, pero realmente será una autobiografía".

María aún no ha tenido tiempo para experimentar con los otros métodos de conocer sus vidas anteriores. Tampoco ha explorado ninguna otra encarnación.

"Después habrá tiempo para eso", me dijo. "Ahora estoy demasiado ocupada tratando de encontrar hasta el último detalle de esa vida. Quiero que el libro sea lo más preciso posible".

Sería interesante saber cuántas novelas históricas son realmente recuerdos de anteriores encarnaciones.

Joan Grant afirmó que muchos de sus libros eran transcripciones de sus vidas pasadas. Hace años leí un libro titulado *Echo*, escrito por Shaw Desmond. Sólo después de leer otro libro de este autor, *Reincarnation for Everyman*, me di cuenta de que *Echo* era un relato de su vida en Roma en tiempos de Nerón.[1] Debe haber muchos ejemplos más.

13

Exploración de los registros akáshicos

*El inconsciente colectivo es común para todos;
es el fundamento de lo que los antiguos llamaban
la "simpatía de todas las cosas".*

Carl Jung (1875–1961)

Los registros akáshicos son un depósito que contiene información completa de todo lo que ha sucedido en el universo. Cada pensamiento, sentimiento o acción se almacena ahí, y puede obtenerse a solicitud. Es una memoria colectiva que todos podemos utilizar cuando necesitamos información. En efecto, contiene no sólo los registros personales de todo el mundo, sino también los de cada familia, tribu y país. Ha sido descrito como una "increíble computadora psíquica".[1]

Averroes (1128–1198), filósofo islámico medieval, pensaba que tenemos cuerpos separados pero no mentes separadas. Él creía que somos "como una planta acuática con muchas cabezas creciendo sobre el agua, pero unidas en una gran raíz debajo de la superficie".[2]

Los registros akáshicos pueden ser comparados con la teoría del inconsciente colectivo de Carl Jung, quien inventó dicho término que ha representado todo el pensamiento–sustancia de la raza humana.

Edgar Cayce describió estos registros como una biblioteca gigante. En una charla que dio en el Hospital Cayce, en 1931, él explicó cómo salió de su cuerpo, viajó hacia un rayo de luz, y finalmente llegó a una colina que contenía un templo. "Entré a este templo", dijo, "y encontré en él un gran salón, muy semejante a una biblioteca. Ahí estaban los libros de las vidas de las personas, porque las actividades de cada una tenían su registro. Simplemente tuve que sacar el del individuo para quien estaba buscando información".[3]

Los registros akáshicos contienen información de todas sus vidas anteriores, además de pistas para sus probables encarnaciones futuras. Requiere práctica llegar ahí, pero una vez que lo logre, no es difícil examinar los registros de sus propias vidas cada vez que lo desee. Es mucho más difícil examinar los de otras personas. Sin embargo, con la práctica es posible lograrlo, y muchas personas, tales como los clarividentes, lo hacen regularmente.

Meditación de registros akáshicos

Paso uno —Sintonícese

Utilice el tiempo necesario para pensar en su necesidad de ver sus registros akáshicos. Necesitará las razones personales apropiadas para llegar ahí. Es improbable que tenga éxito si está motivado sólo por la curiosidad, por ejemplo. Si su estímulo es aprender algo sobre su pasado que le permita actuar mejor en el futuro, indudablemente tendrá éxito. Lo mismo sucederá si desea desarrollarse espiritual o mentalmente. Visitar los registros akáshicos no es algo que se hace por diversión. Es una búsqueda seria, y usted debe enfocarla con una mentalidad adecuada.

Paso dos —Relajación

Cuando tenga claras sus razones para visitar los registros akáshicos, puede avanzar al paso siguiente. Encuentre un sitio cómodo donde no sea interrumpido durante aproximadamente una hora. Relájese usando el método que le guste. Yo uso la relajación progresiva, pero tensionar y luego relajar, meditación, o cualquier otro método que le permita olvidar temporalmente las preocupaciones del día, también funcionará eficazmente.

Paso tres —Salga del cuerpo

Examine mentalmente su cuerpo para asegurarse de que está totalmente relajado. Enfóquese en áreas que aún tienen tensión, hasta que esté seguro de que se encuentra relajado en cada célula de su cuerpo.

Luego piense en su necesidad de visitar los registros akáshicos. Luego imagine que su espíritu o alma está desprendiéndose del cuerpo y gradualmente se aleja flotando. Ponga su centro de conciencia en su espíritu y podrá verse relajado y pacífico. Mentalmente envíe protección a su cuerpo físico para mantenerlo seguro mientras usted está lejos.

Paso cuatro —Acérquese a los registros akáshicos

Cuando se haya familiarizado con la situación en que se encuentra, puede permitir que su espíritu fluya libremente a través del tiempo y el espacio, hasta que llegue a los registros.

Visualice su alma pasando como un rayo a través de un largo túnel, y luego saliendo a un aire fresco y claro arriba en el cielo. Debajo ve una colina pequeña y perfectamente formada, con un templo blanco en la cima. Mientras desciende, observa que el verde césped ha sido cortado recientemente. Luce suave y velloso. El césped armoniza bien con el limpio mármol blanco del templo.

Usted aterriza en un patio frente a la entrada principal del templo. Un hombre grande se encuentra ahí, y usted se da cuenta que es el portero.

Paso cinco —Pida lo que quiere

Aunque usted está en forma espiritual, el portero le da la bienvenida con una sonrisa y una reverencia. Él espera que le diga qué quiere. Usted le dice su nombre y que desearía ver su libro.

Él le pide que espere un momento, se va adentro y luego regresa casi inmediatamente. El deja la puerta abierta para que pueda entrar.

Ahora entra a un gran salón que parece una enorme biblioteca, llena de filas y filas de libros. Observa que muchos de los registros son libros, pero otros están en forma de rollos o tabletas.

El portero lo lleva a una pequeña sala que contiene una gran mesa y una silla. En la mesa está su registro. La habitación es cálida y confortable. Parece no haber fuente de luz, pero hay una total y uniforme iluminación. Usted siente paz en ese lugar.

El portero hace de nuevo una reverencia y luego lo deja solo, cerrando suavemente la puerta al salir.

Paso seis —Explore su registro

Usted observa por unos momentos su registro. Es difícil creer que en este libro esté el registro de todos sus pensamientos y acciones, conscientes y subconscientes, de todas sus vidas.

Sabe que es su registro, pues él le habla telepáticamente, comunicándole todo lo que desea saber. Puede abrir el libro si quiere. También podría dejar que la información fluya a su mente.

Absorberá la información de muchas formas. Una parte llegará como un sentido de entendimiento y conocimiento. Hay material que será representado frente a usted, justo como sucedió hace tanto tiempo. Otra información, particularmente errores y juicios injustos, aparecerá como ropa colgada en una larga cuerda para tenderla. Esta última representa el hilo que conecta todas sus vidas, y la ropa simboliza los errores que ha cometido. Todo esto debe ser hecho antes de que pueda avanzar más. Son factores kármicos que deben ser examinados.

Algunas de sus vidas pasadas estarán en magníficos colores, reflejando las glorias y éxitos que usted tuvo en esas encarnaciones. Otras vidas aparecerán en colores pasteles, mostrando que disfrutó una existencia agradable, pero apenas alcanzó una fracción de lo que podía hacer. Hay unas encarnaciones que serán mostradas en blanco y negro, y se trata de vidas negativas. Usted puede o no haber sido una mala persona en estas vidas, pero no pagó muchas deudas kármicas y acumuló más como resultado de dichas encarnaciones.

Conocerá temas que fluyen a través de muchas vidas. Entenderá de dónde provienen sus talentos, y se dará cuenta qué tanto puede mejorar estas habilidades. Verá cómo ciertas personas lo siguen vida tras vida. Observará la forma en que cambian las relaciones para que todos experimenten cada combinación posible.

Sabrá del origen de sus temores y fobias. Una vez que entienda las razones que causan estos problemas, dejarán de tener relevancia en su existencia actual.

También descubrirá cómo sus pensamientos y acciones en esta vida están afectando sus futuras encarnaciones. Entenderá lo que es o no importante en esta vida.

Puede permanecer en esta hermosa habitación todo el tiempo que quiera. Tal vez desee regresar tan pronto como obtenga la información que necesita. Podría decidir quedarse más tiempo para disfrutar todas sus vidas pasadas y entender la relación entre ellas.

Paso siete —Regrese al presente

Cuando esté listo, lo que necesita hacer es pensar que es tiempo de regresar. El portero abrirá la puerta y lo acompañará hasta el patio. Hará una reverencia y le dirá que es bienvenido cada vez que desee volver.

Usted sentirá un repentino tirón, e instantáneamente estará de nuevo en su cuerpo físico. Usualmente el retorno es suave y sin esfuerzo. A veces podría sentir un repentino movimiento brusco mientras regresa.

Permanezca sentado en calma por un minuto antes de abrir los ojos y retornar a su mundo cotidiano. Experimentará un brillo de satisfacción y una increíble sensación de bienestar cuando abra los ojos. También estará motivado a dar lo mejor de sí mismo en el futuro.

Habrá ganado mucho conocimiento de sus vidas pasadas, y tendrá la alentadora convicción de que puede visitar los registros akáshicos cada vez que quiera.

La experiencia de Conrad

Conrad es un contador de cuarenta y cuatro años. Sería difícil encontrar a alguien más racional y con los pies sobre la tierra. Él admite abiertamente que al principio asistió a mis clases porque su esposa no quería venir sola. Sin embargo, ella perdió el interés rápidamente, pero él continuó. Él no tenía problemas para regresar a sus vidas pasadas, pero prefería el método de registros akáshicos.

"Concuerda con mi mente lógica", dice. "Puedo ir a un lugar —los registros akáshicos— y ver todas mis anteriores encarnaciones a la vez. Necesito examinar sólo las que quiero ver en ese tiempo en particular. Lo que realmente me gusta es que puedo obtener una clara visión del propósito de mi vida a lo largo de miles de años. Antes lo había logrado hasta cierto punto utilizando estos métodos, pero no he conocido a nadie tan interesante como el portero de los registros. Encuentro tan fantástico el poder comunicarme con él telepáticamente. Parece leer mis pensamientos al mismo tiempo que los recibo, incluso más rápido. Pienso en algo, e inmediatamente él se ocupa de eso".

Conrad ha sido hombre en casi todas las encarnaciones que ha explorado. Después de examinar tal vez cien vidas, se ha visto como mujer sólo tres veces.

"No sé por qué usualmente soy hombre", dice. "No soy machista o sexista de ningún modo. Parece que en mis vidas como mujer necesitaba de la perspectiva femenina para aprender las lecciones que requería en esas encarnaciones".

En la mayoría de sus vidas ha sido intelectual: monje, maestro, investigador y artista. Se relaciona fuertemente con todos estos campos en su vida actual. Muchas de sus existencias anteriores involucran el manejo de dinero, y varias veces ha sido tenedor de libros y contador. "Espero estar haciendo algo más emocionante la próxima vez", y se ríe. "Me estoy cansando de ser siempre un contador".

La vida que más lo intriga es una en la que fue terrateniente en Sudáfrica a mediados del siglo XIX. En esa encarnación fue particularmente brutal con sus trabajadores.

"No puedo entender eso", me dijo. "En las otras vidas parece que he sido una persona humanitaria, pero por alguna extraña razón, fui un monstruo en esa encarnación. ¿Por qué?"

No parece haber una respuesta lógica a esto. Sin embargo, aunque él fue cruel con sus trabajadores, su comportamiento no era considerado inusual en ese tiempo. Su siguiente vida fue desarrollada como misionero cristiano en el Noroeste de África.

"No había duda de que yo era un misionero dedicado. Quizá estaba compensando la encarnación anterior", medita Conrad. "Sin embargo, es extraño. Me considero una persona espiritual, pero no pertenezco a ninguna iglesia ortodoxa. Sin embargo, tengo un buen conocimiento de la Biblia. Creo que debo haber aprendido mucho de eso cuando fui misionero".

Conrad piensa que su amor por el orden y los detalles aparece fuertemente en todas sus vidas. "Odiaría ser llamado delicado", dice. "Definitivamente fue en alguna de mis vidas anteriores, pero creo que ahora he sacado eso de mi esquema. En esta vida estoy tomando las cosas como vienen. Solía preocuparme a todo momento, usualmente por trivialidades. Eso está bajo un mayor control ahora, gracias a los registros akáshicos. Si no hubiera visto estos rasgos pasar de una vida a otra, no estaría tan consciente de ellos. Esto ha marcado una gran diferencia en mi vida, y mi familia ha notado lo relajado que estoy actualmente".

Conrad continúa explorando sus anteriores encarnaciones usando diversos métodos. Él y su familia han observado un mejoramiento en cada aspecto de su vida desde que fue consciente de sus vidas pasadas.

14

La técnica de sentir

La única supervivencia que puedo concebir es
comenzar nuevamente un ciclo terrestre.

Thomas Edison (1847–1931)

E sta técnica no es muy buena para todos, ya que involucra seguir temores, sufrimientos, miedos, traumas y fobias hasta sus fuentes en una vida anterior.

Traemos a esta encarnación una sorprendente cantidad de equipaje del pasado. Obviamente, alguien que nazca con temores anormales debe haber aprendido de ellos en una existencia anterior. Si él o ella nunca hubiera encontrado esa situación particular antes, no habría razón para el miedo.

Mi hijo mayor nació con un temor por el agua profunda y se le dificultó mucho aprender a nadar. Su hermano menor era todo lo contrario y le gustaba jugar en nuestra piscina desde una edad temprana. Obviamente, mi hijo mayor experimentó algo muy traumático relacionado al agua en una de sus vidas pasadas, y nació esta vez con fuertes temores al respecto.

Una de mis pacientes temía a las serpientes, y se mudó a Nueva Zelanda comenzando sus veintes para alejarse de ellas. Sin embargo, su temor no desaparecía aún viviendo en un país que no tiene estos animales. Ella encontraba imposible disfrutar un paseo en el bosque o una caminata en el campo, porque era posible que alguien hubiera traído una serpiente. Sabiendo que esto nunca había sucedido, sus temores no desaparecieron.

La regresé a una vida en la que se escondía en una cueva para evitar ser violada. Justo cuando se sintió segura, descubrió que estaba compartiendo su escondite con una gran serpiente. El miedo a ésta era peor que el terror afuera, y salió corriendo de la cueva para morir. Después de revivir la experiencia, perdió por completo el miedo a las serpientes. Orgullosamente expuesta en su sala hay una fotografía de ella tomada en el zoológico de Singapur. Sobre sus hombros está una pitón.

El miedo a insectos, ratas, ratones y serpientes es muy común y a menudo se relaciona con anteriores encarnaciones en la Edad Media, cuando ratas y ratones fueron la causa de la peste.

Otro de mis pacientes tenía un intenso temor a los espacios cerrados. En una vida pasada fue un sacerdote católico que se vio forzado a esconderse en un pequeño armario mientras los soldados del rey Enrique VIII registraban la casa. Él estaba inconsciente cuando los soldados se fueron, y desde entonces le ha tenido miedo a espacios confinados.

Cualquiera que sea su temor, habrá una tendencia a repetirse una y otra vez hasta que usted lo haya tratado. La técnica de sentir no es sólo una forma efectiva de regresar a una vida pasada, usted también puede usar la regresión para liberar traumas creados durante anteriores encarnaciones. El método es sencillo.

La técnica de sentir

Paso uno —Relajación

Siéntese en un lugar que considere seguro y protegido. Lo mejor es hacer esta regresión dentro de la casa, ya que para realizarla debe sentirse seguro durante todo el desarrollo del ejercicio.

Busque la mayor comodidad posible. Asegúrese de que la habitación esté lo suficientemente cálida y no será interrumpido por aproximadamente una hora.

Cierre los ojos y tome tres respiraciones profundas, reteniendo cada una por un momento, y luego exhalando lentamente.

Piense en algo agradable que haya hecho recientemente. Puede ser cualquier cosa, pero es importante que sea una ocasión que disfrutó sin ninguna preocupación.

Después de pensar un rato en la placentera experiencia, deje fluir su mente en otros momentos agradables que haya tenido en el pasado.

Disfrute sus pensamientos unos cuantos minutos, y luego diga silenciosamente a sí mismo, "estoy completamente relajado y libre de estrés". Repita estas palabras una y otra vez. Mientras lo hace, encontrará que se relaja cada vez más.

Puede avanzar a la siguiente etapa cuando sienta que está totalmente relajado.

Paso dos —Conciencia corporal

Sea consciente de su cuerpo. En el ojo de su mente visualícese sentado o acostado en su habitación. Rodee el cuerpo con un círculo de protección. Imagine un cono de luz blanca pura descendiendo del techo y rodeando su cuerpo físico. Al mismo tiempo recuerde que está protegido y seguro.

Disfrute estas sensaciones durante uno o dos minutos. Luego, cuando se sienta listo, piense en su miedo o fobia. Sienta eso en su cuerpo físico. Podría experimentar una pesadez o sensación de malestar en alguna parte del cuerpo. Tal vez sea una presión en el pecho, mala respiración o dolor de cabeza. Usualmente el área está relacionada con la fobia. Si le tenía miedo al fuego, por ejemplo, esta sensación posiblemente sería una constricción en la nariz o la garganta.

Deje que la sensación en su cuerpo aumente. Dele color. Una vez que tenga claro en su mente este color, dele la forma que desee. La mayoría de personas escoge formas redondas, cuadradas o triangulares, pero no debe limitarse a éstas. Elija una forma que refleje el dolor y malestar. Observe que puede hacerla más grande o pequeña. Mientras crece, aumenta la sensación de malestar en su cuerpo, y a medida que disminuye de tamaño, decrece el dolor. Experimente haciéndola más grande y pequeña. Finalmente, reduzca el tamaño para que pueda sentir sólo un malestar leve.

Paso tres —Explore esta vida

Deje que su mente se dirija a otras ocasiones en las que usted sintió este malestar, o cuando fue consciente de su miedo o fobia. Aún está en control de la forma y puede reducirla de tamaño si algunos recuerdos se vuelven demasiado dolorosos.

Tome su tiempo en esta etapa y vea en cuántas ocasiones del pasado que pueda recordar, fue afectado por su miedo o fobia.

Paso cuatro —Vidas anteriores

Tome una respiración profunda y exhale lentamente. Ahora va a agrandar la forma, lo cual aumentará la sensación de malestar en su cuerpo. Permita que la forma crezca todo lo que usted pueda soportar, y luego déjese ir de regreso a la primera vez que tuvo esta sensación.

Puede tomar varios segundos localizar la experiencia fundamental. Una vez que esté ahí, deje que la forma se haga cada vez más pequeña, hasta que desaparezca.

Ahora está en una vida pasada. Mire alrededor y observe en dónde se encuentra y qué está sucediendo. Recuerde que aún está rodeado por el aro de protección y nada puede hacerle daño.

Observe la escena que está siendo mostrada y vea qué información le da acerca de su miedo o fobia. Si le suministra toda la información que necesita, puede salirse de ella, confiado en que ya no tendrá efecto alguno en usted.

Si siente que esta escena no le da todas las respuestas que requiere, permita que la forma aumente de tamaño nuevamente. Tome una respiración profunda, y mientras exhala, pida ser llevado a otra experiencia fundamental que se relacione con su miedo o fobia. Puede repetir esto las veces que quiera.

Usualmente las personas usan este método de regresión para eliminar algo que las está reteniendo en esta vida. Sin embargo, una vez que haya regresado a otra encarnación y resuelva la dificultad, no hay razón para que no siga adelante y explore a mayor profundidad esa existencia. Un buen conocimiento de esta vida pasada le ayudará a entender cómo se originó el problema inicialmente, y así podrá liberarse de él.

Paso cinco —De regreso al presente

Una vez que haya explorado esta vida pasada, puede regresar al presente en cualquier momento contando de uno a cinco. No abra los ojos inmediatamente. Piense en lo que ha aprendido y alcanzado con esta regresión. Dese cuenta que como resultado su vida será más fácil, feliz y satisfactoria, ya que ha eliminado algo que lo bloqueaba.

Sea consciente del aro de protección que lo rodea. Dé gracias por lo que ha logrado y abra los ojos.

La experiencia de Jeanette

Jeanette tiene dieciocho años y trabaja como asistente de oficina. Ella está planeando entrar a la universidad, pero hasta el momento no tiene idea de lo que quiere hacer con su vida. Toda su vida ha tenido miedo a conocer extraños. Cuando se encuentra en esas situaciones ella experimenta una presión en el pecho, lo cual le hace difícil respirar. También suele sentirse confusa, se ruboriza y le es difícil mirar a los ojos a la gente. Ha tenido problemas para conocer nuevas personas a lo largo de su vida, pero en los últimos años esto ha empeorado. Para superar el problema, Jeanette tomó un curso de confianza personal que le ayudó temporalmente, pero acudió a mí por la insistencia de su madre. Pensé que ella no se presentaría a la cita, pues yo era otro extraño para ella, pero llegó unos minutos más temprano con una sonrisa nerviosa en su rostro.

No tuvo dificultad en imaginar las sensaciones en su propio cuerpo. Sintió la presión en el pecho y se ruborizó. Describió el sentimiento como negro y en forma de almendra. Jeanette era buena para la visualización y pudo hacer que la almendra creciera y redujera su tamaño sin ningún problema.

Cuando le pedí que regresara a la primera vez que experimentó estas sensaciones, se dirigió a una vida pasada en condiciones primitivas. Ella y su familia vivían en el borde de un desierto y siempre estaban luchando por sobrevivir. La temperatura era insoportablemente caliente durante el día, y bajaba a cero grados en la noche. La familia se agrupaba para calentarse.

Un día su padre hizo comentarios sobre un gran grupo de hombres que cabalgaban a través del desierto y venían hacia ellos. Jeanette tenía unos seis años en ese tiempo, y se unió a su padre en la entrada de la cabaña para verlos llegar. Había cerca de veinte hombres en el grupo, todos sentados sobre camellos. El jefe le pidió comida y agua al padre de Jeanette, quien fue hospitalario y les ofreció una pequeña cantidad del preciado líquido. Sin embargo, les explicó que no tenía nada de comer para ellos.

El jefe del grupo estaba furioso. Señaló las tres cabras flacas que tenía la familia, y dijo que mataría una de ellas para él y sus hombres. Cuando el padre de Jeanette se negó, el hombre se bajó de su camello y lo apuñaló en el corazón. Luego tomaron las tres cabras y se marcharon. Jeanette estaba arrodillada junto a su padre muerto, cuando de la cabaña salieron su madre en avanzado estado de embarazo y los otros tres hijos.

Ninguno lloró. Instintivamente, Jeanette sabía que todos iban a morir, pues habían perdido el sostén de la familia y su riqueza en sólo unos pocos minutos. Los niños eran muy pequeños para sepultar a su padre. Con gran esfuerzo lo arrastraron hasta el desierto y lo dejaron ahí. Luego regresaron a casa para esperar la muerte. Esto tomó mucho tiempo.

Jeanette contó la historia con una voz monocorde. Cuando llegó a la parte en la que no pudieron enterrar a su padre, no pudo contener las lágrimas y lloró por varios minutos.

Dijo que sí con la cabeza cuando le pregunté si esta triste historia tenía que ver con su miedo a los extraños.

"¿Puede liberarse de eso ahora?", le pregunté. "¿Se da cuenta que la mayoría de personas son buenas?"

De nuevo dijo que sí con la cabeza. "Se ha ido", dijo. "Me he liberado del problema".

Jeanette lucía distinta cuando regresó al presente. Tenía más vitalidad y energía, y pudo mirarme directo a los ojos.

Varios días después su madre llamó para agradecerme el haber transformado la vida de su hija.

"Es como si estuviera iniciando una nueva vida", dijo ella. "Nunca para de hablar y reír. Incluso un muchacho la llamó anoche; eso nunca había sucedido".

15

Con la ayuda de sus guías

El alma de un hombre es como el agua;
del cielo viene
al cielo se eleva
y luego regresa a la tierra. . . .
Johann Wolfgang von Goethe (1749–1832)

T odos tenemos ayudantes invisibles que están preparados para darnos dirección y
consejo cada vez que lo necesitemos. Estos son
nuestros ángeles guardianes y guías espirituales.

Son personas que han muerto pero aún tienen interés en lo que sucede en esta vida, y están dispuestos a brindar ayuda cada vez que lo pida la persona que cuidan. Usualmente los guías espirituales son parientes fallecidos, pero no siempre es el caso. Puede ser cualquiera que tenga interés en su bienestar y felicidad. Usted no está limitado a un sólo guía. El principal interés de ellos es su crecimiento espiritual. Por consiguiente, están preparados para ayudarlo a descubrir sus vidas pasadas, e incluso lo guiarán a través de todo el proceso si lo desea.

Puede sentir que sólo tiene un guía espiritual, pero en la práctica, tiene varios de ellos que lo cuidan constantemente. El guía que sea apropiado para su actual necesidad estará disponible para ayudarlo en cualquier momento.

Bajo circunstancias normales es probable que no vea o escuche su guía usando los ojos y oídos. Los guías se comunican telepáticamente, y requiere tiempo y práctica abrirse a los mensajes que envían. A menudo, estos mensajes parecen sólo pensamientos hasta que uno se detiene y piensa en ellos. Debido a que esto es difícil para la mayoría de personas, se han desarrollado diversos mecanismos, tales como la tabla ouija y la escritura automática, para hacer más fácil la comunicación con los guías.

Escritura automática

La escritura automática se hizo popular en el siglo XIX, cuando los espiritistas la usaban para comunicarse con el otro lado. Sin embargo, puede ser utilizada para muchos propósitos. Por ejemplo, se han hecho varios libros empleando la escritura automática. Uno de los más ejemplares es *Private Dowding*, de W.T. Poole, que se convirtió en best–seller en 1918. Este libro contaba las experiencias de Thomas Dowding, un joven maestro inglés que fue muerto por disparos en Francia. Este libro dio consuelo a muchas personas que habían perdido sus hijos durante la guerra.

Es interesante observar que Harriett Beecher Stowe, la célebre autora de *Uncle Tom's Cabin*, dijo "ella no lo escribió: le fue dado, pasó frente a ella".[1] Y en el prefacio de su famoso poema "Jerusalem", William Blake escribió que éste le fue dictado. T.P. James utilizó escritura automática para completar *The Mystery of Edwin Drood*, que quedó sin terminar cuando Charles Dickens murió. Y todos los trabajos de Patience Worth fueron comunicados por la tabla ouija o escritura automática.[2]

La escritura automática es un fenómeno natural que cualquiera puede hacer. Sin embargo, requiere de práctica. La mayoría de personas produce formas y letras indescifrables cuando comienzan a experimentar con esta clase de escritura. No obstante, con la práctica lo que hacen es cada vez más legible.

Todo lo que usted necesita hacer es sentarse cómodamente junto a un bloc de hojas y un lápiz o lapicero. Su codo debe formar un ángulo de noventa grados. Tome su implemento de escritura sin apretarlo, con la punta sobre el papel, y espere a que se mueva. Quédese tranquilo y vea lo que sucede. Los mejores resultados se dan si piensa en otra cosa y deja que el lápiz haga lo que quiera.

Después de un rato, la mano que tiene el lápiz empezará a moverse. No ponga atención a esto. La escritura automática es inconsciente, y se pierde si usted se fija en lo que está siendo escrito.

Si es afortunado, comenzará a escribir palabras y frases inmediatamente. La mayoría de personas empieza trazando formas tales como círculos y elipses. Usted podría escribir unas cuantas palabras en escritura con espejo. No importa lo que produzca inicialmente. Practique y su habilidad se desarrollará. Se va a asombrar de lo que hará. También descubrirá que puede escribir durante horas sin cansarse. Realmente es una escritura automática.

Podría encontrar que obtiene mejores resultados utilizando la mano con la que usualmente no utiliza para escribir. Esto no funciona para mí, pero conozco varias personas que hacen toda su escritura automática de esta manera.

Una vez que esté familiarizado con el proceso, puede usar esta escritura para explorar sus vidas pasadas. Mientras está sentado esperando que empiece la escritura, piense en su deseo de regresar a una de sus anteriores encarnaciones. Si quiere puede pensar en una vida pasada en particular, o dejarla al azar.

Yo prefiero usar la escritura automática para regresar a vidas específicas que están relacionadas con problemas o dificultades de mi vida actual. Para hacer esto, mientras espera a que el lápiz se mueva, piense en algo que esté bloqueando su progreso en esta existencia.

Hace algunos años, una de mis estudiantes se quedó después de la clase para decirme que había desarrollado una fobia referente a ir a la iglesia. Mónica era una persona tímida que constantemente jugaba con su bolso mientras me comentaba su problema. Cada vez que iba a la iglesia, ella se sentía crecientemente inquieta. Pensó que había encontrado una solución sentándose en el fondo de la iglesia cerca a la puerta. Sentándose ahí se aliviaba la tensión, pero no la eliminaba. Ella era una señora religiosa que disfrutaba asistir a la iglesia, y estaba frustrada por ya no poder hacerlo. Descubrí que también había dejado de ir al cine, o a cualquier otro sitio donde se congregaran grupos de personas. Parecía extraño que ella pudiera asistir a mis clases, pero no iba al cine. Mónica explicó que vino a mis clases sólo porque su vecino de al lado quería asistir y le aseguró que podía ayudarla a resolver ese problema.

Lo primero que pensé fue hacer una regresión hipnótica, pero recordé lo talentosa que era ella para la escritura automática. Sugerí que usara este método para que regresara al pasado y encontrara la causa de su problema. La siguiente semana Mónica llegó con la respuesta.

La primera vez que trató de usar la escritura automática para averiguar la causa del trastorno, se puso tan tensa que el experimento no funcionó. Por lo tanto, la noche siguiente tomó ginebra y tónica antes de comenzar. No es una práctica que yo recomendaría, pero a Mónica le permitió relajarse lo suficiente para asegurar que el procedimiento funcionara. Produjo cosas sin sentido los primeros días, pero perseveró. Finalmente logró un fuerte mensaje.

El lápiz escribió: "muy cansado. No hay solución para el problema. Marcus continúa maltratándome de noche y de día. No hay violencia física. Constante abuso mental. Yendo hasta la noche en Ranold's. Marcus lo prohíbe, pero yendo de todos modos. Veinte personas ahí en una pequeña sala de estar. Ranold dice oraciones, luego cantamos John Wesley. Humo, humo y gases. La casa en llamas y corremos hacia la puerta, pero no abre.

Bloqueada afuera. Corro a través de la casa, caigo. No puedo respirar. Alguien está jalándome. Demasiado tarde. Estoy en paz". (Esto fue escrito como una frase larga y continua. Yo le he puesto signos de puntuación, pero no alteré las palabras).

Mónica asistió a la iglesia pocos días después de recibir este mensaje. Se sintió un tanto nerviosa cuando entró, pero pudo sentarse en el centro del recinto y poner atención al servicio religioso. Salió sintiéndose mejor de lo que había experimentado durante años.

Mónica no tenía deseos de explorar a mayor profundidad esa particular vida.

"No sé quién era Marcus, y no me importa", me dijo. "Estoy mejor no sabiendo quién fue realmente"

Regresión con el guía espiritual

Esta es una técnica de relajación progresiva que le permite a su guía espiritual llevarlo en una exploración acompañada de sus vidas pasadas. Este era el método favorito de muchos de mis estudiantes, ya que les permitía ver y conocer uno de sus guías espirituales en el curso de la regresión.

Como es usual, busque la comodidad en una habitación cálida, y asegúrese que no será interrumpido.

Paso uno —Relajación

Tome varias respiraciones profundas y exhale lentamente. Relaje todos sus músculos, comenzando con los dedos de los pies y trabajando gradualmente el cuerpo hasta la coronilla. Cuando sienta que está totalmente relajado, examine mentalmente su cuerpo para hallar áreas con tensión. Relájelas, y luego haga otro examen. Cuando se sienta completamente relajado, avance al paso dos.

Paso dos —Encuentre su guía

Visualícese en la parte superior de una hermosa escalera. Yo imagino una magnífica escalera de mármol por la que caminé hace varios años en una cabaña en Francia. La suya puede ser real o imaginaria; lo importante es que sea hermosa y tenga diez peldaños. Usted se siente emocionado porque sabe que su guía espiritual está en la base de la escalera esperando acompañarlo a visitar una vida pasada.

Coloque su mano sobre la barandilla, y lentamente baje la escalera diciéndose a sí mismo "diez, relájese... nueve, relájese... ocho, relájese..." y así sucesivamente hasta llegar a la base.

Se da cuenta que aún no ha encontrado su guía espiritual, pero cuando toca el piso de la más maravillosa habitación que ha visto, lo (la) observa caminando hacia usted con una sonrisa amigable (de aquí en adelante nos referiremos al guía como hombre para más simplicidad). Usted siente que lo ha conocido toda su vida y camina felizmente en busca de su abrazo. Luego él lo guía a un cómodo sofá, y los dos se sientan y discuten su deseo de regresar a una vida pasada.

Paso tres —Retrocediendo en el tiempo

Su guía espiritual lo escucha con una amable sonrisa. Por momentos él indica estar de acuerdo moviendo la cabeza. Cuando haya terminado de decirle a qué vida en particular quiere regresar, él indica las puertas que hay en la habitación. Cada una de ellas, él le dice, lo conduce a una de sus anteriores encarnaciones. Sin embargo, sólo una lo guiará a la vida que desea explorar.

Su guía espiritual se para y lo lleva a una puerta sobre la pared más lejana. Le pregunta si está listo para proceder. Sonríe por su respuesta positiva, y abre la puerta.

Es imposible ver lo que hay más allá de la puerta, ya que todo está tapado con una densa niebla. Su guía lo toma de la mano y camina hacia adentro confiadamente. Usted oye la puerta cerrarse atrás.

Ahora sigue a su guía dentro de la niebla. Él se detiene y le pide que escuche. Usted oye débiles sonidos que en principio no puede identificar. Pero mientras aún trata de reconocerlos, la niebla gradualmente desaparece y puede mirar a su alrededor.

Paso cuatro —Explore su vida pasada

Una vez que se familiarice con la escena, puede explorar esta vida pasada tan profundamente como quiera. Todo lo que necesita es pedirle a su guía espiritual lo que desea ver, e instantáneamente ocurrirá. Por ejemplo, si quiere ver a su pareja en esa encarnación, pídale al guía que lo lleve a una escena que lo (la) involucre, y al instante se la presentará.

Igualmente, cuando esté listo para regresar al presente, dígale a su guía que ha tenido suficiente, en un instante estará en la bella habitación donde lo encontró inicialmente.

Paso cinco —Regrese a la conciencia plena

Gradualmente sea consciente de la habitación y de que está de regreso en el presente. Agradézcale a su guía espiritual por la ayuda y apoyo, y suba lentamente la escalera, contando de uno a diez mientras lo hace. Cuando se sienta listo, abra los ojos, estírese y levántese.

La experiencia de Hillary

"Siempre me he sentido un poco nerviosa acerca de explorar mis vidas pasadas", me dijo Hillary. Ella es una alegre señora de unos treinta y cinco años de edad. Ya que parece muy segura de sí misma, me sorprendí al oírla expresar su nerviosismo. "Eso es porque estaba emocionada por aprender a trabajar con mi guía espiritual. Ya había hecho contacto con él, así que era maravilloso retroceder en el tiempo a su lado".

Hillary regresó a una vida pasada en tiempos medievales. "Debe haber sido un convento", dijo ella. "Era grande —realmente enorme— y nosotras las monjas teníamos vidas ocupadas orando, estudiando y trabajando. Era una vida satisfactoria. La parte difícil era levantarme a medianoche para maitines y alabanzas. Teníamos ocho horas de sueño por noche, pero eran interrumpidas por el servicio de las dos de la mañana".

"¿Hay algunos incidentes que sobresalen en esta vida?", pregunté.

Hillary dijo que sí con la cabeza. "Sí, realmente hubo algunos. Uno fue sorprendente. Una vez al año, el obispo venía a ver cómo iban las cosas en el convento. Eso era entendible, pero no me gustaba la forma en que hacía que todas las monjas chismearan. Lo veíamos una a la vez. Él hacía preguntas mientras su escribiente lo registraba todo. Este último tenía una permanente expresión de shock en su cara". Hillary cerró los ojos para ver la escena más vívidamente. "No me gustaba eso, así que nunca daba información. Había cosas que podría haber dicho, y quizás debí haberlo hecho, pero parecía no estar bien hablar de las personas con las que pasaba cada minuto de mi vida".

"¿Las demás sí comentaban cosas?"

Hillary rió. "¡Sí que lo hacían! Incluso inventaban historias de personas que detestaban. Algunas se quejaban de todos".

"No lo que usted esperaría de un grupo de monjas".

Hillary meneó la cabeza. "Sólo éramos personas. Algunas tenían vocación, otras no". Hillary suspiró profundamente. "¡Tal vez había un gran karma reunido ahí! De todos modos, creo que no decir nada al final me ayudó, pues me convertí en priora".

"¿Disfrutó eso?"

Hillary meditó la pregunta. "Sí y no. Tenía mis propias habitaciones y una monja que me ayudaba. Era extraño tener un poco de privacidad. Además, salía mucho. Repentinamente estaba dirigiendo un negocio. Tenía que supervisar los bienes y ver que nadie nos estaba robando. Era un trabajo difícil, especialmente cuando se vendía la lana, pero algunas de las monjas tomaban a mal que yo saliera a todo momento. ¡Podría apostar que le comentaban esto al obispo en sus visitas!"

"¿Piensa eso?"

Hillary manifestó enojo. "Lo sé. Cada año era interrogada por el obispo, lo mismo que todos los demás. Sabía lo que sucedía, a quién le agradaba y a quiénes no. Algunas personas tomaban a mal el hecho de que yo era priora y a todo momento trataban de socavar mi autoridad. Nunca pude relajarme completamente. Realmente, aún no puedo".

"¿Es eso producto de esta vida pasada?"

"Tal vez. No estoy segura. Lo que sí sé es que nunca he podido confiar en las personas. Sin importar lo que digan o hagan, siempre me pregunto si tienen otro motivo detrás de eso. Este problema definitivamente se originó en mi vida en el convento".

"¿Estaba vieja cuando murió?"

Hillary dijo que sí con la cabeza. "Muy vieja, creo. Aún era priora. En realidad, viví más tiempo que todas las que hablaban en mi contra. Pienso que al final fui respetada, y quizás me querían un poco. Estoy segura que no fui amada".

"¿Por qué piensa eso?"

"Porque toda esa vida sentí como si algo importante me faltara. Tuve tres hermanas, y las visitaba y tenía vida familiar unos pocos días. Envidiaba sus hogares, esposos y familias. Yo era la menor, por eso me convertí en monja. Mis hermanas también iban al convento y se quedaban conmigo. Esos eran los mejores momentos. Disfrutaba las visitas, me hacían feliz. El resto del tiempo me sentía aislada y sola, sin amor".

Hillary apartó la mirada y limpió sus ojos. "Lo mismo que en mi vida actual".

Esperé hasta que ella recuperó su calma. "¿Cambiará algo en su vida como resultado de esta regresión?"

Hillary acomodó sus hombros y me miró fijamente. "¡Voy a cambiar todo!"

Guías espirituales participando en la regresión

En mi libro *Ángeles guardianes y Guías espirituales*, presenté la historia de una de mis pacientes que tenía problemas de peso. Durante una sesión de hipnoterapia, espontáneamente regresó a una vida pasada y encontró su guía espiritual. Ella había sido hombre en esa encarnación, y su esposa era su guía espiritual en la vida actual.[3] Muchas personas han experimentado ocurrencias similares.

Como los guías espirituales frecuentemente son parientes fallecidos, no es sorprendente que aparezcan en las vidas anteriores de tanta gente. Las personas que conozco que han experimentado esto, han dado por sentada la presencia de su guía espiritual. Verlo de esta manera les pareció una experiencia muy positiva. Esta es usualmente la primera vez que dichas personas han visto su guía espiritual, y encuentran que es algo reconfortante y útil. De hecho, la aparición y el reconocimiento de un guía espiritual es generalmente el aspecto más importante de la regresión, sin importar qué tan emocionantes sean el resto de los recuerdos.

Por desgracia, usted no puede garantizar que regresará a una vida anterior y hará contacto con él. Algunas personas han experimentado por sugestión antes de la regresión, que regresarán a una existencia que incluya su guía espiritual. Sin embargo, los resultados han sido inconcluyentes. Todo lo que usted puede hacer es estar alerta a la posibilidad. No tendrá problemas para reconocer su guía espiritual. Todos los que han pasado por esto, me han dicho que el reconocimiento fue instantáneo, y a menudo arrollador.

Aunque tal vez no encuentre su guía en el curso de una regresión normal, cuando quiera puede pedirle que lo acompañe.

Conclusión

¡Regresaré a ti,
Tierra, la más querida
madre mía!
Yo que te he amado con alegría perpetua,
interminable descubrimiento, novedad diurna . . .
Ahora me marcho . . .
Sin embargo, ciegamente buscaré y esperaré
hasta que la verdadera puerta se abra, la verdadera
voz llame de nuevo;
y de regreso a la alta propiedad humana,
de regreso a la totalidad del alma, resurgente,
¡oh Tierra! ¡oh la más querida! Regresaré,
regresaré a ti, Tierra, mi madre.

Margaret L. Woods (1856–1945)

Cuando usted acepte el concepto de la reencarnación, tendrá la oportunidad de transformar su vida. Algunas personas afirman que si aceptan la reencarnación y el karma, no se necesita hacer ningún esfuerzo y sólo podemos tomar la vida como es. Por supuesto, es el caso contrario. Es mucho más probable tener una vida buena y productiva cuando se tiene en cuenta la reencarnación, ya que uno es consciente de que todo karma, bueno o malo, será pagado finalmente. Esto significa que usted tendrá una completa responsabilidad de sus acciones y la forma en que conduce su vida. Sus relaciones con los demás mejorarán porque será más humanitario, comprensivo y compasivo. Siendo consciente de sus propias acciones es mucho menos probable que lo invada la malicia, la deshonestidad y el rencor. Shaw Desmond explicó esto sucintamente cuando escribió, "el conocimiento de que si un hombre le hace daño a una mujer en esta vida, con seguridad tendrá que tenerla en cuenta en una existencia futura, lo pone a uno a pensar".[1]

Una vez que haya descubierto los bancos de recuerdos de sus anteriores encarnaciones, también será amable consigo mismo. Entenderá que usted es como es, debido a todo lo que ha hecho en el pasado. En otras palabras, ha ganado su presente posición en la vida. Y la clase de futuro que desea depende de sus pensamientos y acciones en esta vida.

Será consciente de que cada momento de la vida es valioso. Nada es perdido. Sus tiempos de tristeza son tan importantes como los de suprema felicidad y realización. Todo toma parte en su progreso y desarrollo.

Al conocer sus vidas pasadas sabrá cuáles son las lecciones en que se debe concentrar en esta encarnación. También puede observar sus fortalezas. La mayoría de personas tienden a subestimarse. Descubriendo cómo manejaron situaciones difíciles en existencias anteriores, frecuentemente aumentan la autoestima, y se dan cuenta de que son mejores seres humanos de lo que pensaban.

Recuerde estar alegre mientras investiga sus muchas vidas pasadas. Relájese y diviértase. Probablemente no logrará buenos resultados si está preocupado, estresado, escéptico, deprimido o muy cansado. Tendrá el máximo éxito si es positivo y de mente abierta.

Sea paciente. Yo sé que todo le saldrá bien con el tiempo. Sin embargo, todos somos diferentes. Algunos regresan a sus vidas pasadas inmediatamente, mientras otros necesitan practicar mucho tiempo. Es natural decepcionarse y desmotivarse cuando se requiere de más tiempo que el esperado para tener éxito. En el rápido mundo actual, todos queremos resultados inmediatos. Desafortunadamente, esto rara vez ocurre cuando se investigan vidas pasadas. Si tiene dificultades, saque tiempo para actividades divertidas, y regrese a sus anteriores existencias cuando se sienta relajado y feliz.

Sé que aprenderá mucho de sí mismo examinando sus anteriores encarnaciones. Espero que la información de este libro le ayude a descubrir lecciones que deben ser aprendidas, y le permita disfrutar un futuro feliz, satisfactorio y exitoso.

Notas

Capítulo 1

1. Historia, *The Case for Rebirth*, 1.
2. Iamblichus, *Life of Pythagoras*, 4.17.
3. Walker, *Masks of the Soul*, 32–33.
4. Platón, *Laws*, 155.
5. La Biblia incluye varias referencias sobre la reencarnación: Job 4:8, Proverbios 8:22–31, Eclesiastés 1:9–11, Malaquías 4:5, Mateo 16:13–14, Mateo 17:9–13, Mateo 11:11–15, Marcos 9:13, Romanos 9:10–13, y Revelación 3:12. Además, los Libros Apócrifos son encontrados en ediciones

católicas romanas de la Biblia. En ellos, en la Sabiduría de Salomón 8:19–20, leemos "ahora fui un hijo bueno por naturaleza, y una buena alma cayó a mi destino. Más aún, siendo bueno, llegue a un cuerpo inmaculado".

6. Head and Cranston, *Reincarnation,* 99.
7. *Yalkut Re'uveni* (trans. Fitzgerald), nos. 1, 8, 61, 63.
8. *Zohar* (trans. Sperling and Simon), 2:99.
9. *El Koran* (trans. Rodwell), 2:28, 5:60, 71:17–18.
10. Langley, *Edgar Cayce on Reincarnation,* 10.
11. Wambach, *Reliving Past Lives,* 125.
12. Currie, *You Cannot Die,* 292.
13. Stevenson, *Where Reincarnation and Biology Intersect,* 1.
14. Mi relato sobre la vida de Parmod es tomado de varias fuentes publicadas: Atreya, *Introduction to Parapsychology,* 116–21; Story, *The Case for Rebirth,* 25–31; Stevenson, *Twenty Cases Suggestive of Reincarnation,* 109–27; Stemman, *Reincarnation,* 82–83.
15. Gerard, *DNA Healing Techniques,* 17.
16. Steiger, *You Will Live Again,* 33–48.

Capítulo 3

1. Humphreys, *Karma and Rebirth,* 38.
2. Las citas mostradas son de la versión de King James. Otras referencias al karma en la Biblia incluyen: Génesis 9:6, Deuteronomio 24:12, Oseas 10:13, Salmos 9:16, Salmos 62:12, Proverbios 24:12, Jeremías 17:10, Jeremías 32:19, Ezequiel 18:20, Ezequiel 18:30, Mateo 5:18, Mateo 7:1–2, Mateo 7:12, Mateo 7:17, Mateo 16:27, Lucas 16:17, Romanos 2:6, Romanos 2:9–13, Romanos 14:12, Corintios 5:10, Pedro 1:17, Revelación 20:12, Revelación 22:12.

3. Fisher, *The Case for Reincarnation*, 128–33. Vea también Whitton and Fisher, *Life Between Life*.
4. Emerson, *Lectures and Biographical Sketches*, 121.
5. Jung, *Memories, Dreams, Reflections*, 294.

Capítulo 4

1. Tart, foreword to *Control Your Dreams*, vii.
2. Armitage, Rochlen, and Finch, "Dream Recall and Major Depression," 8–14. Citado en Moss, *Conscious Dreaming*, 35.
3. *The New Encyclopaedia Britannica: Macropaedia, Knowledge in Depth*, 15th ed., s. v. "Dreams."
4. La información sobre sueño con M.R.O. proviene de *Many Lifetimes*, de Grant y Kelsey.
5. Langley, *Edgar Cayce on Reincarnation*, 75.
6. Hay muchos libros disponibles sobre sueño yoga. Dos de los mejores son *Tibetan Yoga and Secret Doctrines*, de W.Y. Evans–Wentz, y *Dream Yoga and the Practice of Natural Light*, de Namkai Norbu.

Capítulo 9

1. Henry Ford, entrevista.
2. Weatherhead, *Life Begins at Death*, 72.
3. Las experiencias de Viviane han sido escritas en muchos lugares. La fuente más interesante es *The Unknown Power*, de Guy Lyon Playfair.
4. Stemman, *Reincarnation*, 179.

Capítulo 10

1. Webster, *Dowsing for Beginners*, 11.
2. Ibíd., xiii.
3. Mermet, *Principles and Practice of Radiesthesia*, 207–8.

Capítulo 12

1. Desmond, *Reincarnation for Everyman*, 98–109.

Capítulo 13

1. Moss and Keeton, *Encounters with the Past*, 16.
2. Averroes, *On the Soul*, 121.
3. Langley, *Edgar Cayce on Reincarnation*, 47.

Capítulo 15

1. Fodor, *Encyclopaedia of Psychic Science*, 22.
2. Webster, *Spirit Guides and Angel Guardians*, 172–75.
3. Ibíd., 273–77.

Conclusión

1. Desmond, *Reincarnation for Everyman*, 39.

Bibliografía y lecturas sugeridas

Algeo, John. *Reincarnation Explored*. Wheaton, Ill.: The Theosophical Publishing House, 1987.

Andrews, Ted. *Cómo Descubrir sus Vidas Pasadas*. St. Paul, Minn.: Llewellyn Publications, 1992.

Armitage, Roseanne, Aaron Rochlen, and Thomas Finch. "Dream Recall and Major Depression," 8–14. Artículo presentado en la onceava conferencia de la Association for the Study of Dreams, Leiden, los Países Bajos, 1994. Citado en Robert Moss, *Conscious Dreaming* (Nueva York: Crown Trade Paperbacks, 1996), 35.

Atreya, B. L. *Introduction to Parapsychology.* Benares, India: The International Standard Publications, 1957.

Auerbach, Loyd. *Psychic Dreaming.* New York: Warner Books, Inc., 1991.

———. *Reincarnation, Channeling and Possession.* New York: Warner Books, Inc., 1993.

Averroes (Ibn Rushd). *On the soul.* Traducción. W. Emmanuel. N.p.: 1822.

Bernstein, Morey. *The Search for Bridey Murphy.* New York: Doubleday and Company, 1956.

Billing, Philip B. *My First Incarnation with the Maori People.* Te Kawhata, New Zealand: Mitaki Ra Publications, 1997.

Blythe, Henry. *The Three Lives of Naomi Henry.* London: Frederick Muller Limited, 1956.

Brennan, J. H. *Reincarnation: Five Keys to Past Lives.* Rev. ed. Wellingborough, England: The Aquarian Press, 1981.

Castaneda, Carlos. *Journey to Ixtlan: The Lessons of Don Juan.* New York: Simon & Schuster, Inc., 1972.

Cerminara, Gina. *Many Lives, Many Loves.* Marina del Rey, Calif.: DeVorss and Company, 1963.

Cockell, Jenny. *Yesterday's Children.* London: Judy Piatkus Publishers Limited, 1993.

Cooper, Irving S. *Reincarnation: The Hope of the World.* London: The Theosophical Publishing House, 1918.

Cott, Jonathan. *The Search for Omm Sety.* New York: Doubleday and Company, 1987.

Cranston, Sylvia, and Carey Williams. *Reincarnation: A New Horizon in Science, Religion and Society.* New York: Julian Press, 1984.

Currie, Ian. *You Cannot Die.* Rockport, Mass.: Element Books, 1995.

Desmond, Shaw. *Reincarnation for Everyman.* London: Rider and Company, 1950.

Dowding, Lord Hugh. *Lychgate: The Entrance to the Path.* London: Rider and Company Limited, 1945.

Edwards, Paul. *Reincarnation: A Critical Examination.* Amherst, N.Y.: Prometheus Books, 1996.

Emerson, Ralph Waldo. *Lectures and Biographical Sketches.* 1868. Reimpresión, Londres: The Philosophical Learning Foundation, 1923.

Evans-Wentz, W. Y. *Tibetan Yoga and Secret Doctrines.* New York: Oxford University Press, 1958.

Fisher, Joe. *The Case for Reincarnation.* Toronto: Somerville House Publishing, 1984.

Fodor, Nandor. *Encyclopaedia of Psychic Science.* New York: University Books, Inc., 1974.

Ford, Henry. Interview by George Sylvester Viereck. *San Francisco Examiner,* 26 August 1928.

Gallup, George, with William Proctor. *Adventures in Immortality.* New York: McGraw-Hill Book Company, 1982.

Gater, Dilys. *Past Lives: Case Histories of Previous Existence.* London: Robert Hale Limited, 1997.

Gerard, Robert V., Ph.D. *DNA Healing Techniques.* 3d ed. Coarsegold, Calif.: Oughten House Foundation, Inc., 1999.

Goldberg, Bruce, Dr. *Past Lives, Future Lives.* North Hollywood, Calif.: Newcastle Publishing Company, Inc., 1982.

Gordon, Henry. *Channeling into the New Age: The Teachings of Shirley MacLaine and Other Such Gurus.* Buffalo, N.Y.: Prometheus Books, 1988.

Grant, Joan. *Winged Pharaoh*. London: Arthur Baker Limited, 1937.

Grant, Joan, and Denys Kelsey. *Many Lifetimes*. New York: Doubleday and Company, 1967.

Green, Celia. *Lucid Dreams*. London: Hamish Hamilton Limited, 1968.

Guirdham, Arthur. *The Cathars and Reincarnation*. London: Turnstone Press, 1970.

Hartley, Christine. *The Case for Reincarnation*. London: Robert Hale Limited, 1986.

Head, Joseph, and S. L. Cranston, eds. *Reincarnation: An East-West Anthology*. Wheaton, Ill.: The Theosophical Publishing House, 1968.

Hughes, Thea Stanley. *Twentieth Century Question: Reincarnation*. Somerton, England: Movement Publications, 1979.

Hanson, V., R. Stewart, and S. Nicholson. *Karma: Rhythmic Return to Harmony*. Wheaton, Ill.: The Theosophical Publishing House, 1990.

Humphreys, Christmas. *Karma and Rebirth*. London: John Murray Limited, 1943.

Iamblichus. *Life of Pythagoras, or Pythagoric Life*. N.p.: A. J. Valpy, 1818.

Iverson, Jeffrey. *More Lives Than One*. London: Souvenir Press, 1976.

Jung, Carl. *Memories, Dreams, Reflections*. London: Collins and Routledge and Kegan Paul, 1963.

Kason, Yvonne, and Teri Degler. *A Farther Shore*. Toronto: HarperCollins Publishers Ltd., 1994.

Langley, Noel. *Edgar Cayce on Reincarnation*. New York: Castle Books, 1967.

Lenz, Frederick, Dr. *Lifetimes*. New York: Bobbs-Merrill Company, 1979.

Linn, Denise. *Past Lives, Present Dreams*. London: Judy Piatkus Publishers Limited, 1994.

Luntz, Charles E. *The Challenge of Reincarnation*. St. Louis, Mo.: Charles E. Luntz Publications, 1957.

MacLaine, Shirley. *Out on a Limb*. London: Elm Tree Books, 1983.

McClain, Florence Wagner. *A Practical Guide to Past Life Regression*. St. Paul, Minn.: Llewellyn Publications, 1985.

Mermet, Abbé. *Principles and Practice of Radiesthesia*. Traducción Mark Clement. 1959. Reimpresión, Longmead, Dorset, England: Element Books, 1987.

Moore, Marcia. *Hypersentience*. New York: Crown Publishers, Inc., 1976.

Moss, Peter, and Joe Keeton. *Encounters with the Past*. London: Sidgwick and Jackson Limited, 1979.

Mumford, Jonn, Dr. *Karma Manual*. St. Paul, Minn.: Llewellyn Publications, 1999.

Newton, Michael. *Journey of Souls*. St. Paul, Minn.: Llewellyn Publications, 1994.

Norbu, Namkai. *Dream Yoga and the Practice of Natural Light*. Ithaca, N.Y.: Snow Lion, Inc., 1992.

Perkins, James S. *Experiencing Reincarnation*. Wheaton, Ill.: The Theosophical Publishing House, 1977.

Platón. *The Laws*. Trans. A. D. Lindsay. London: J. M. Dent and Sons Limited, 1912.

Playfair, Guy Lyon. *The Unknown Power*. New York: Pocket Books, 1975.

Poole, W. T. *Private Dowding*. London: Rider and Company, 1918.

Rogo, D. Scott. *Life After Death: The Case for Survival of Bodily Death*. Wellingborough, England: The Aquarian Press, 1986.

———. *The Search for Yesterday: A Critical Examination of the Evidence for Reincarnation*. Englewood Cliffs, N.J.: Prentice Hall and Company, 1985.

Rolfe, Mona. *The Spiral of Life: Cycles of Reincarnation*. 1975. Reimpresión, Saffron Walden, Inglaterra: The C. W. Daniel Company Limited, 1992.

Rosen, Steven. *The Reincarnation Controversy*. Badger, Calif.: Torchlight Publishing, Inc., 1997.

de Saint-Denys, Marquis d'Hervey. *Les Reves et les Moyens de les diriger*. Paris: Amyot, 1867.

Sarris, Arian. *Healing the Past*. St. Paul, Minn.: Llewellyn Publications, 1997.

Scholem, Gershom, ed. *Zohar, The Book of Splendor: Basic Readings from the Kabbalah*. New York: Schoken Books, 1974.

Sharma, I. C. *Cayce, Karma and Reincarnation*. Wheaton, Ill.: The Theosophical Publishing House, 1982.

Stearn, Jess. *The Search for the Girl with the Blue Eyes*. Garden City, N.Y.: Doubleday and Company, 1968.

Steiger, Brad. *You Will Live Again*. Nevada City, Calif.: Blue Dolphin Publishing, Inc., 1996.

Steiner, Rudolf. *Reincarnation and Immortality*. Blauvelt, N.Y.: Multimedia Publishing Corporation, 1970.

Stemman, Roy. *Reincarnation: Amazing True Cases from Around the World*. London: Judy Piatkus Publishers Limited, 1997.

Stevenson, Ian, Dr. *Children Who Remember Previous Lives.* Charlottesville, Va.: The University Press of Virginia, 1987.

———. *Twenty Cases Suggestive of Reincarnation.* 2d ed. Charlottesville, Va.: The University Press of Virginia, 1974.

———. *Where Reincarnation and Biology Intersect.* Westport, Conn.: Praeger Publishers, 1997.

Story, Francis. *The Case for Rebirth.* Kandy, Sri Lanka: Buddhist Publication Society, 1959.

Street, Noel. *The Man Who Can Look Backward.* New York: Samuel Weiser, Inc., 1969.

Tart, Charles T., Dr. Foreword to *Control Your Dreams,* by Jayne Gackenbach and Jane Bosveld. New York: Harper and Row Publishers, Inc., 1989.

Vallieres, Ingrid. *Reincarnation Therapy.* Traducción. Pat Campbell. Bath, Inglaterra: Ashgrove Press, 1991.

Van Auken, John. *Born Again and Again: How Reincarnation Occurs and What It Means to You.* Virginia Beach, Va.: Inner Vision Publishing Company, 1984.

Walker, Benjamin. *Masks of the Soul: The Facts Behind Reincarnation.* Wellingborough, England: The Aquarian Press, 1981.

Walker, E. D. *Reincarnation: A Study of Forgotten Truth.* 1888. Reprint, New Hyde Park, N.Y.: University Books, Inc., 1965.

Wambach, Helen. *Reliving Past Lives: The Evidence Under Hypnosis.* New York: Harper and Row Publishers, Inc., 1978.

Watson, Lyall. *The Romeo Error.* Garden City, N.Y.: Anchor Press/Doubleday, 1975.

Weatherhead, Leslie D. *Life Begins at Death.* Nashville, Tenn.: Abingdon Press, 1969.

Webster, Richard. *Dowsing for Beginners*. St. Paul, Minn.: Llewellyn Publications, 1996.

———. *Numerology Magic*. St. Paul, Minn.: Llewellyn Publications, 1995.

———. *Ángeles Guardianes y Guías Espirituales*. St. Paul, Minn.: Llewellyn Publications, 1998.

Weiss, Brian L. *Many Lives, Many Masters*. New York: Simon and Schuster Inc., 1989.

———. *Only Love Is Real*. New York: Warner Books, Inc., 1996.

Whitton, Joel L., and Joe Fisher. *Life Between Life: A Scientific Exploration into the Void Separating One Incarnation from the Next*. New York: Doubleday and Company, 1986.

Williams, Loring G. "Reincarnation of a Civil War Victim." *Fate* 19 (December 1966): 44–58.

Winkler, E. Arthur, Dr. *Reincarnation and the Interim Between Lives*. Cottonwood, Ariz.: Esoteric Publications, 1976.

Yalkut Re'uveni. Traducción. W. Fitzgerald. London: G. Wilberforce, 1837.

Zohar: The Book of Splendor. Trans. Harry Sperling and Maurice Simon. London: N.p., 1931–34.

Índice

Silver RavenWolf

HECHIZOS PARA EL AMOR

Ya sea que desee encender la llama de la pasión a travéz de la magia con velas o terminar una relación amarga con el hechizo del limón, *Hechizos para el amor* le enseñará más de cien maneras para encontrar, retener o inclusive disipar el amor de su vida.

5³⁄₁₆"x 6" • 312 pgs.

0-7387-0064-9

Arian Sarris

COMPAÑEROS DEL ALMA
21 FORMAS PARA ENCONTRAR
SU AMOR ETERNO

Es imposible encontrar a la pareja perfecta
con sólo desearlo. En esta obra se incluyen
21 ejercicios diseñados para cambiar
la atracción magnetica de su aura.

5³⁄₁₆" x 8" • 240 pgs.

1-56718-613-0